"十四五"职业教育国家规划教材

"十三五"职业教育国家规划教材

银行基本技能

Yinhang Jiben Jineng

（第二版）

胡增芳　张理想　主编

东北财经大学出版社
Dongbei University of Finance & Economics Press

大连

图书在版编目（CIP）数据

银行基本技能 / 胡增芳，张理想主编. —2版. —大连：东北财经大学出版社，2021.8（2023.8重印）
（高等职业教育金融教学改革创新型教材）
ISBN 978-7-5654-4255-1

Ⅰ．银… Ⅱ．①胡… ②张… Ⅲ．银行业务-高等职业教育-教材 Ⅳ．F830.4

中国版本图书馆 CIP 数据核字（2021）第 126875 号

东北财经大学出版社出版
（大连市黑石礁尖山街 217 号　邮政编码　116025）
网　　址：http://www.dufep.cn
读者信箱：dufep@dufe.edu.cn
大连市东晟印刷有限公司印刷　东北财经大学出版社发行
幅面尺寸：185mm×260mm　字数：205千字　印张：10.25
2021 年 8 月第 2 版　　　　　2023 年 8 月第 3 次印刷
责任编辑：李丽娟　韩敌非　　　责任校对：李　菲
封面设计：冀贵收　　　　　　　版式设计：钟福建
定价：39.00元

教学支持　售后服务　　联系电话：（0411）84710309
版权所有　侵权必究　　举报电话：（0411）84710523
如有印装质量问题，请联系营销部：（0411）84710711

第二版前言

早在我国明末清初时期，类似银行的钱庄和票号就已经存在。经过数百年的发展，银行业有许多优良的传统技艺，包括点钞、传票算等基本技能，这是许多代人的传承和心血。目前，银行业务数字化、智能化程度越来越高，但是传统技能训练在许多银行类金融机构中仍然备受重视，也是银行从业人员需要具备的基础性职业素质。银行基本技能的训练不仅仅只是纯粹的技能熟练度训练，还是培养学习者协调性、连贯性和发现细节能力的重要方法。

本次修订全面贯彻新时代中国特色社会主义思想，以党的二十大精神为指引设置内容体系，同时将银行从业人员需要掌握的基本技能与最新的全国职业院校技能大赛要求进行了有机结合。近年来，全国职业院校技能大赛的银行业务综合技能赛项竞赛规程做了较大的调整，银行业务技能部分所占分值越来越大，要求每位选手均要独立完成四项基本业务技能的竞赛，可见该部分的重要性。教材本次修订总体设计上仍然以实务为导向，立足于银行及相关金融行业各岗位的基本技能业务，结合社会对金融专业高素质应用型人才的需求和高等职业教育学生的认知特点，以银行及相关金融行业各岗位应具备的基本素质、基本业务能力来组织内容体系。总体来说，本次修订体现出以下特色：

1.融入课程思政元素

本教材将课程思政元素有机融入教材内容中，在各项目教学目标中增加了素养目标，在正文内容中穿插"工匠风采""学思践悟"栏目，与素养目标前后呼应，注重激发读者"自信自强、守正创新，踔厉奋发、勇毅前行"的精神状态，强化教材育人理念。

2.体现"岗课赛证"融通

本教材遵循高等职业教育教学和人才成长规律，将银行及相关金融行业各岗位技能要求、全国职业院校技能大赛银行业务综合技能赛项的最新要求以及银行业专业人员职业资格考试的有关内容有机融入教材，将学历教育与实际工作岗位、职业技能大赛和职业资格考试等相结合，突出教材的适用性。

3.校企双元合作开发教材

本教材编写团队中既有教学和实践经验丰富的一线骨干教师和双师型教师，也有具有多年实际工作经验的银行类金融企业工作人员，他们不仅深入参与教材的大纲设计与编写工作，还提供了很多真实的案例、实训项目等资源，使教材更加贴近实际工作岗位，更具有实用性。

4.强化数字资源的互动性

本书纸质教材与数字化资源同步开发和建设，教材配套资源均已上传到出版社的线上教学互动平台——"财济书院"平台（www.idufep.com)，将纸质教材与数字教学平台的资源有机融合，使用本教材的师生可以登录平台建班建课，实现线上线下混合式教学。教材中新增"课堂训练"栏目，可扫描二维码完成针对相应知识点的训练。新建了学习交流QQ群，使用本教材的教师与学生可以扫描二维码实名制入群，进行线上互动。此外，本教材增加了图片、视频、动画等可听、可视化资源，极大地丰富了知识的呈现形式，拓展了教材内容，既便于教师开展信息化教学，也便于读者自主学习。

本教材既可作为高等职业院校财经类相关专业的教学用书，也适合其他院校财经类专业学生以及企业财经工作者使用，也可以作为银行等金融企业刚入职的新员工的培训和学习用书。

本教材由安徽商贸职业技术学院胡增芳、合肥财经职业学院张理想任主编，安徽商贸职业技术学院李慧君任副主编，安徽商贸职业技术学院的陶然、余迎昕、耿玥老师及部分银行类金融企业人员参编。本教材由胡增芳和张理想拟定大纲、统一分配编写分工。具体编写分工如下：李慧君和中国光大银行股份有限公司芜湖分行的吴珩共同编写项目一；陶然和吴珩共同编写项目二；余迎昕和中国工商银行安徽省分行的叶善增共同编写项目三；张理想、胡增芳和中国农业银行芜湖分行的艾和毅共同编写项目四；耿玥和叶善增共同编写项目五、项目六。最后由胡增芳对全书进行总纂定稿。

本教材作为校企双元合作开发教材，除以上参编的金融企业人员外，还承蒙芜湖扬子农村商业银行、交通银行芜湖分行、安徽迪科数金有限公司相关领导和专家的大力支持和指导，并得到了深圳智盛信息技术股份有限公司的技术支持，在此向以上相关人员以及所有参考文献的编著者表示感谢！

百尺竿头不动人，虽然得入未为真。书中不妥之处在所难免，敬请读者批评指正。

编　者

目　录

项目一
点钞技术

学习目标

知识目标：

　　1.了解点钞的基本知识、清点方法及要求。

　　2.掌握手持式点钞法、扇面点钞法的基本操作技能。

　　3.掌握人民币的捆扎方法。

技能目标：

　　1.能够运用手持式点钞法快速准确地清点钞券，并能流畅地完成点钞的全过程。

　　2.能够运用扇面点钞法快速准确地清点钞券，并能流畅地完成点钞的全过程。

　　3.能够对钞券进行捆扎。

素养目标：

　　1.弘扬工匠精神，树立技能成才、技能报国的人生理想。

　　2.君子爱财，取之有道。树立正确的人生观、价值观和消费观。

任务一　　　　　　点钞基础知识

任务导入

　　当你在超市付款时，看到收银员在收付款时清点钱款了吗？银行柜台人员在工作时，是怎样清点人民币的？你平时注意观察就会发现这些细节。这也是以下要讲到的点钞基础知识。

知识要点

　　点钞是指按照一定的方法查清票币的数额，即整理、清点钞票的工作，在银行泛指清点各种票币，又称票币整点。点钞方法是直接决定速度和准确率的关键环节，是学习的重点。点钞广泛应用于金融、出纳、会计、商贸、超市收银、证券、外币等工作，用于收款、付款的初点、复点和整点实际生活中的各种钞券。

一、点钞的基本环节

点钞是一个从拆把开始到扎把为止的连续、完整的过程。点钞看似简单，实则是一项很有科学规律的业务技能，它要有节奏感、还要把握好准与快的关系，要眼、手、心和谐统一。点钞一般包括拆把持钞、清点、记数、墩齐、扎把、盖章等环节。要加快点钞速度，提高点钞水平，必须把各个环节的工作做好。

（一）拆把持钞

成把清点时，首先需将腰条纸拆下。拆把时，可将腰条纸脱去，保持其原状，也可将腰条纸用手指勾断。通常，初点时采用脱去腰条纸的方法，以便复点时发现差错进行查找；复点时一般将腰条纸勾断。

持钞速度的快慢、姿势是否正确，也会影响点钞速度，要注意每一种点钞方法的持钞方法。

视频 1-1

点钞的基本环节

（二）清点

清点是点钞的关键环节。清点的速度、清点的准确性，直接关系到点钞的准确度与速度。因此，要勤学苦练清点基本功，做到清点既快又准。

在清点过程中，还需将损伤券按规定标准剔出，以保持流通中券面的整洁。若该把钞券中夹杂着其他版面的钞券，应将其挑出。

在点钞过程中如发现差错，应将差错情况记录在原腰条纸上，并把原腰条纸放在钞券上面一起扎把，不得将其扔掉，以便事后查明原因，另作处理。

（三）记数

记数也是点钞的基本环节，与清点相辅相成。在清点准确的基础上，必须做到记数准确。

（四）墩齐

钞券清点完毕扎把前，先要将钞券墩齐，以便扎把时保持钞券外观整齐美观。钞券墩齐要求四条边水平，不露头且不呈梯形错开，折角应拉平。墩齐时，双手松拢，先将钞券竖起来，双手将钞券捏成瓦形在桌面上墩齐，然后将钞券横立并将其捏成瓦形在桌面上墩齐。

（五）扎把

每把钞券清点完毕后，要扎好腰条纸。腰条纸要求扎在钞券的1/2处，左右偏差不得超过2厘米；同时，要求扎紧，以提起第一张钞券不被抽出为准。

（六）盖章

盖章是点钞过程的最后一环，在腰条纸上加盖点钞员名章，表示对此把钞券的质量和数量负责，所以每个点钞员点钞后均要盖章，而且图章要盖得清晰，以看得清行号、姓名为准。

二、点钞的基本要求

在办理现金的收付与整点时，点钞员要做到准、快、好。准，就是钞券清点不错不乱，准确无误。快，是指在准的前提下，加快点钞速度，提高工作效率。好，就是清点的钞券要符合"五好"钱捆的要求，即点准、挑净、墩齐、捆紧、盖章清楚。准是做好现金收付和整点工作的基础和前提，快和好是银行加速货币流通、提高服务质量的必要条件。

三、点钞的基本要领

学习点钞，首先要掌握基本要领。基本要领对于哪一种点钞方法都适用。点钞基本要求可概括为以下几点：

（一）肌肉要放松

点钞时，双手各部位的肌肉都要放松。肌肉放松，能够使双手灵活自如，动作协调，并减轻劳动强度。否则，会使手指僵硬，动作不准确，既影响点钞速度，还消耗体力。正确的姿势是，肌肉放松，双肘自然放在桌面上，持票的左手手腕接触桌面，右手手腕稍抬起。

（二）钞券要墩齐

需清点的钞券必须清理整齐、平直。这是点准钞券的前提，钞券不齐不易点准。对折角、弯折、揉搓过的钞券要将其弄直、抹平，明显破裂、质软的票子要先挑出来。清理好后，将钞券在桌面上墩齐。

（三）开扇要均匀

券面开扇均匀是指每张钞券的间隔距离必须一致，使之在捻钞过程中不易夹张。因此，扇面开得是否均匀，关系着点钞是否准确。

（四）手指触面要小

手工点钞时，捻钞的手指与钞券的接触面要小。如果手指接触面大，手指往返动作的幅度随之增大，从而使手指频率减慢，影响点钞速度。

（五）动作要连贯

点钞时各个动作之间相互连贯是加快点钞速度的必要条件之一。动作要连贯包括两方面的要求：一是指点钞过程的各个环节必须相互协调，环环相扣。例如，点完100张墩齐钞券后，左手持票，右手取腰条纸，同时左手的钞券跟上去，迅速扎好小把；在右手放钞券的同时，左手取另一把钞券准备清点，然后右手顺手沾水清点等等。这样可以使扎把和持票及清点各环节紧密地衔接起来。二是指清点时的各个动作要连贯，即第一组动作和第二组动作之间，要尽量缩短和不留空隙时间，当第一组的最后一个动作即将完成时，第二组动作要迅速跟上保持连贯，比如用手持式四指拨动点钞法清点时，当第一组的食指捻下第四张钞券时，第二组动作的小指要迅速跟上，不留空隙。这就要求在清点时双手动作要协调，清点动作要均匀，切忌忽快忽慢。另外，在清点中要尽量减少不必要的小动作、假动作，以免影响动作的连贯性和点钞速度。

（六）点数要协调

点和数是点钞过程的两个重要方面，这两个方面要相互配合，协调一致。点的速度快，记数跟不上，或点的速度慢，记数过快，都会造成点钞不准确，甚至造成差错。所以点和数二者必须一致，这是点准的前提条件之一。为了使两者紧密结合，记数通常采用分组法。单指单张以十为一组记数，多指多张以清点的张数为一组记数，使点和数的速度能基本吻合。同时，记数通常要用脑子记，尽量避免用口数。

四、点钞的基本方法

按照是否自动化，点钞可以分为手工点钞和机器点钞两大类。根据持钞姿势的不同，手工点钞，又可划分为手持式点钞法，扇面点钞法和手按式点钞法等。手持式点钞法和手按式点钞法又可分为单指单张点钞法、单指多张点钞法和多指多张点钞法等。根据具体情况，选择不同的点钞方法。

点钞基本方法的分类如图1-1所示。

课堂训练1-1

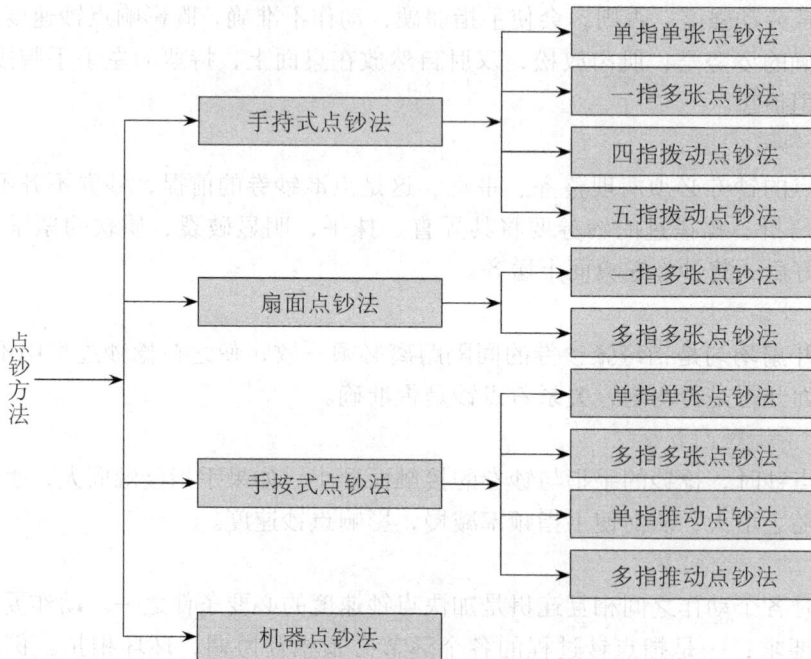

图1-1 点钞方法分类

拓展阅读1-1　钻研苦练20载——记"全国十大金融工匠"王东云

中国农业银行常州分行运营管理部高级专员王东云，钻研苦练20载，凭借过硬的点钞功夫，曾夺得全国农行业务技能比赛点钞冠军；2009年，她在央视"状元360"超级银行柜员比赛中赢得"超级银行柜员"冠军；她代表农行向中央党校培训学员演示蒙眼点钞，速度15秒，准确率100%；2012年，她在央视"旗鼓相当"节目中演示蒙眼听音点钞，向全国观众展现了高超的职业技能；2007年，她获得"全国女职工建功立业标兵"，2009年获得"全国五一劳动奖章"，获评"60年全国农行人物"，2020年她获评"2019—2020年度十大金融工匠"。几十年来，她以高超点钞技艺演绎了当代金融人的"工匠精神"。

立足本职　乐业敬业

1990年，王东云进入中国农业银行常州分行，成为该行武进洛阳分理处的一名柜员。当地以珍珠养殖和水蜜桃、葡萄种植为代表的农副产业发达，全国各地的客商常是带着整麻袋现金上门收购，面对着桌面上堆积如山的 10 元券，只有在最短时间内点准钞票才能完成工作。由此，王东云走上了点钞之路。上班时，三尺柜台是主战场；下班后，家庭港湾成了训练营。这一练便是 20 多年。

伴随着点钞技能的日益精进，王东云的业务办理效率提升，客户对她赞誉有加。1999—2007 年她担任湖塘片主出纳期间，日均清点残破币均在 4 万张以上，最多时清点量达 6 万张。

作为一名柜员，她坚持把平凡的职业当作她热爱的事业，爱岗敬业、乐业、精业，岗位虽普通，但随着时光的积淀，她成就了自己职业的辉煌。

探索创新 执着苦练

取得成绩的背后，是王东云把"点钞"当作科研项目来研究、攻关。

万事只怕"认真"二字。王东云一练就是 20 多年，其中的艰辛、寂寞、付出是常人无法想象的。刚开始练习点钞时，她向前辈学习，向其他获奖选手学习。每当看到其他选手新的点钞方式，她就会模仿练习，不断总结改进。支撑她刻苦训练的，有对事业始终如一的执著追求，有不达目标、誓不罢休的毅力和勇往直前、勇攀高峰的拼搏精神。她以刻苦钻研的精神和科学的态度，探索着既快又准的点钞新方法。

为提高速度，她尝试把点钞动作分解训练。她把散把点钞动作分解为：拿钱、固定姿势、点钞、放多余的钱、扎钞、放钞、盖章，并分解训练，努力使每个动作均做到最严谨、最高效。仅一个拿钱的动作，她就要练习上千次、上万次，直至练到有手感、每次均能拿到 100 张多一点。

勤奋、创新、科学、严谨的方法使她自创了一套提高点钞技艺的方法，并把整个银行业的点钞技能推上了新高度。在她研制新的点钞方法前，常州农行比赛选手 10 分钟单指单张点钞的最好成绩是 24 把多，"10 分钟 25 把"成为选手们难以跨越的一道坎。现在，她将新方法教给新员工，不到一个月，新员工的速度就能达 10 分钟 26 把 34 张。她自己的点钞速度则始终保持在 10 分钟 35 把的水平。

"伟大的事业孕育在平凡的工作中。"王东云立足平凡的岗位敬业、乐业，用勤奋、刻苦、执着、坚毅的精神做出了不平凡的贡献，她以自身的努力，诠释了当代金融职工"工匠精神"的深刻内涵。

资料来源：安仁. 钻研苦练 20 载——记"全国十大金融工匠"王东云 [EB/OL]. [2021-01-29]. https：//www.financialnews.com.cn/renwu/202101/t20210129_210934.html.

实践训练

一、实训内容

两位同学为一组，以小组为单位，互相监督，记录每天点一把钞券的时间，包括拆把持钞、清点、记数、墩齐、扎把和盖章这些步骤。

二、实训目标

1. 熟练掌握拆把持钞、清点、记数、墩齐、扎把、盖章等环节。

2.掌握点钞的基本要领。

三、实训考核

主要考核点钞的环节是否完整，点钞的细节是否掌握到位。

任务二　　　　　　　　　　手持式点钞法

任务导入

在电视剧《人民的名义》第二集中，侯亮平在"小官巨贪"的赵处长家找到了 **239 995 400** 元的赃款后，让银行派工作人员、点钞机和运钞车到赵处长家的别墅现场清点。本来观众看到满墙、满床、满冰箱的人民币已经够震撼了，而银行工作人员花式点钞的镜头更是令人叹为观止，有"手挥琵琶"式点钞，数钱都能让人得到艺术般的享受，手法娴熟，如同行云流水；也有"一指禅"式的小鸡啄米点法，手法相当可爱；还有一抓一大把式挠痒痒点法，真是酷炫，看得人很舒服。那么，什么是手持式点钞法呢？它具体有哪些方法呢？这正是本任务要学习的内容。

知识要点

手持式点钞法是将钞券拿在手上进行清点的点钞方法。手持式点钞法一般有手持式单指单张点钞、手持式一指多张点钞、手持式四指拨动点钞和手持式五指拨动点钞等多种方法。

一、手持式单指单张点钞法

手持式单指单张点钞法是一种适用面较广的点钞方法，可用于收款、付款和整点各种新旧大小钞券。这种点钞方法的优点是，点钞人持券所占的券面较小，视线可及券面的3/4，容易发现假票，挑剔残破券也较方便。

手持式单指单张点钞法的具体操作如下：

（一）拆把持钞

拆把的方法有两种。第一种方法是：持把时左手拇指在钞券正面的左端，约在券面的1/4处，食指和中指在钞券背面与拇指一起捏住钞券，无名指和小指自然弯曲；捏起钞券后，无名指和小指伸向票前压住钞券的左下方，中指弯曲稍用力，与无名指和小指一起夹住钞券；食指伸直，拇指向上移动按住钞券的侧面将钞券压成瓦形，并使右手手心向下，然后用右手脱去钞券上的腰条纸。同时，左手的拇指、食指、中指沾水做好点钞准备。从以上可以看出，这种拆把方法不撕断腰条纸，便于查看图章。这种拆把方法通常用于初点现金（见图1-2）。

第二种方法是：钞券横执，正面朝着身体，用左手的中指和无名指夹住券面的左上角，拇指按住钞券边沿处，食指伸直，中指稍用力，把钞券放在桌面上，并使左端翘起成瓦形，然后用右手食指向前伸勾断腰条纸并抬起食指使腰条自然落在桌面上，左手大拇指翻起钞券同时用力向外推使钞券成微型扇面，右手拇指、食指和中指沾水

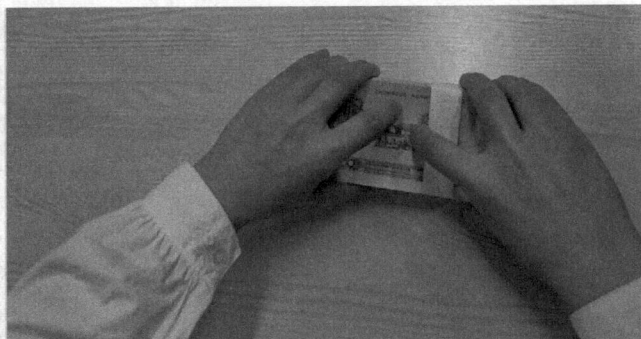

①脱腰条

视频 1-2

初点现金的
拆把持钞方法

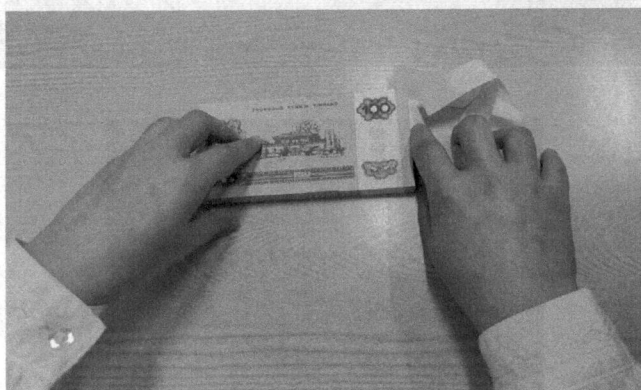

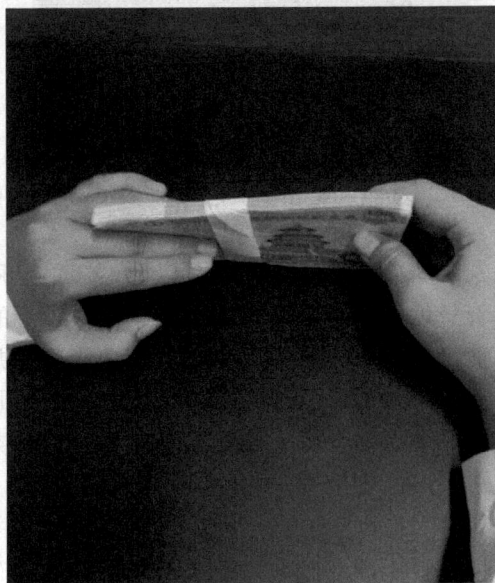

②钞券放置在一旁

图 1-2 初点现金拆把持钞

做好点钞准备。这种方法的特点是左右手可同时操作，拆把速度快，但腰条纸勾断后不能再使用。这种拆把方法通常用于复点现金（见图 1-3）。

①左手夹钞

②钞券成瓦形

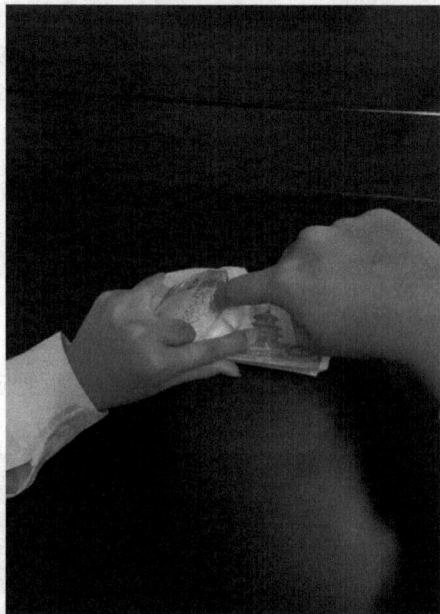

③右手食指向前伸勾断腰条纸

图 1-3 复点现金拆把持钞

拆把过程中的持钞方法除了上面介绍的两种以外，还可以用另外一种方法，即钞券横执，钞券的反面朝着身体，用左手中指和无名指夹住钞券的左端中间，食指和中指在前面，中指弯曲，食指伸直；无名指和小指放在钞券后面并自然弯曲；左手拇指在钞券下边沿后侧约占券面的 1/3 处用力将钞券向上翻起呈瓦形，使钞券正面朝向身体，并用拇指捏住钞券里侧边缘向外推，食指协助拇指，使钞券打开呈微扇形状。拆把的方法与上面介绍的两种方法相同。

（二）清点

拆把后，左手持钞稍斜，正面对胸前，右手捻钞，捻钞从右上角开始。用右手拇指尖向下捻动钞券的右上角，拇指不要抬得太高，动作的幅度也不宜太大，以免影响速度；食指在钞券背面托住少量钞券配合拇指工作，随着钞券的捻出要向前移动，以及时托住另一部分钞券；无名指将捻下来的钞券往怀里方向弹，每捻下一张弹一次，要注意轻点快弹；中指翘起不要触及券面，以免妨碍无名指动作。同时，左手一指也要配合动作，当右手将钞券下捻时，一指要随即向后移动，并用指尖向外推动钞券，以使捻钞时下钞均匀。在这一环节中要注意，右手拇指捻钞时主要负责将钞券捻开，下钞主要靠无名指弹拨（见图1-4）。

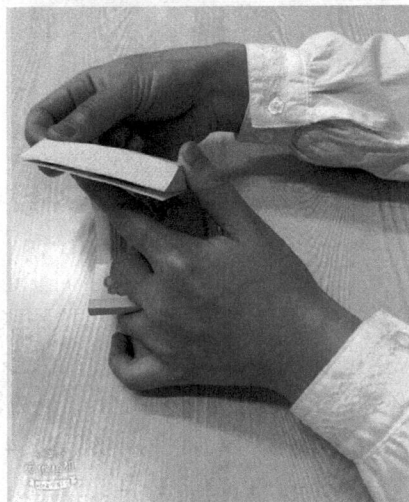

①左手持钞，右手捻钞

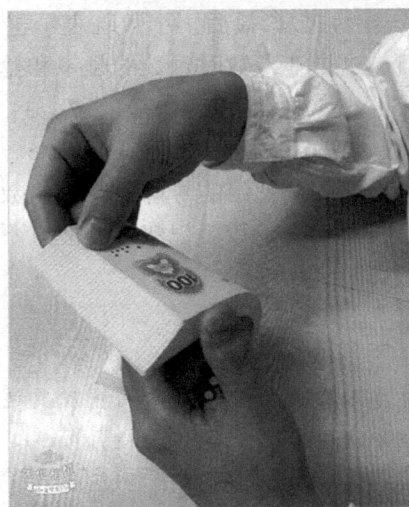

②右手轻捻钞票

图1-4　清点

视频1-4

单指单张点钞
清点与记数

（三）挑残破券

在清点过程中，如发现残破券应按剔旧标准将其挑出。为了不影响点钞速度，点钞时不要急于抽出残破券，只要用右手中指、无名指夹住残破券将其折向外边，待点完100张后再补上完整券（见图1-5）。

图1-5　挑残破券

（四）记数

在清点钞券的同时要记数。由于单指单张每次只捻一张钞券，记数也必须一张一张记，直至记到100张。从"1"到"100"的数中，绝大多数是两位数，记数速度往往跟不上捻钞速度，所以必须巧记。通常可采用分组记数法。分组记数法有两种方法：一种是1、2、3、4、5、6、7、8、9、1；1、2、3、4、5、6、7、8、9、2；1、2、3、4、5、6、7、8、9、3；……；1、2、3、4、5、6、7、8、9、10，以此类推，到第10组结束时正好100张。这种方法是将100个数编成10个组，每个组都由10个一位数组成，前面9个数都表示张数，最后一个数既表示这一组的第10张，又表示这个组的组序号码，即第几组。这样在点数时记数的频率和捻钞的速度能基本吻合。另一种方法是0、2、3、4、5、6、7、8、9、10；1、2、3、4、5、6、7、8、9、10；2、2、3、4、5、6、7、8、9、10；……；9、2、3、4、5、6、7、8、9、10。这种记数方法的原则与前种相同，不同的是把组的号码放在每组数的前面。这两种记数方法既简捷迅速又省力好记，有利于准确记数。记数时要注意不要用嘴念出声来，要用心记。做到心、眼、手三者密切配合。

课堂训练1-2

小知识1-1

手持式单指单张操作时，扇面要均匀，扇面的宽度要适宜，右手拇指捻钞时下拉的幅度要小。其关键是掌握方法，做到"择一而精"。

（五）扎把与盖章

每把钞券清点完毕后，要扎好腰条纸。腰条纸要求扎在钞券的1/2处，左右偏差不得超过2厘米；同时要求扎紧，以提起第一张钞券不被抽出为准。盖章是点钞过程的最后一环，在腰条纸上加盖点钞员名章，表示对此把钞券的质量和数量负责，所以每个点钞员点钞后均要盖章，而且图章要盖得清晰，以看得清行号、姓名为准。

二、手持式一指多张点钞法

手持式一指多张点钞是在手持式单指单张点钞法的基础上发展起来的，它适用于收款、付款和整点工作。各种钞券的清点都能使用这种点钞方法。其优点是点钞效率高，记数简单省力。但是由于一指一次捻下几张钞券，除第一张外，后面几张看到的券面较小，不易发现残破券和假币。

这种点钞法的操作方法除了清点和记数外，其他均与手持式单指单张点钞方相同。

（一）清点

清点时，右手拇指肚放在钞券的右上角，拇指尖略超过券面。如点双张，先用拇指肚捻下第1张，拇指尖捻下第2张；如点3张及3张以上，同样先用拇指肚捻下第1张，然后依次捻下后面1张，用拇指尖捻下最后1张，要注意拇指均衡用力，捻的幅度也不要太大，食指、中指在钞券后面配合拇指捻动，无名指向怀里弹。为增大审视面，并保证左手切数准确，点数时眼睛要从左侧向右看，这样容易看清张数和残破券、假币。

（二）记数

由于一次捻下多张，所以应采用分组记数法，以每次点的张数为一组记数。如点3张，即以3张为一组记数，每捻3张记一个数，33组余1张就是100张；又如点5张，即以5张为一组记数，每捻5张记一个数，20组就是100张，以此类推。

三、手持式四指拨动点钞法

手持式四指拨动点钞法，也称手持式四指四张点钞法。它适用于收款、付款和整点工作，是一种比较适合柜面收付款业务的点钞方法。它的优点是速度快、效率高。由于这种方法每指只点一张钞券，券面可视幅度较大，看得较为清楚，所以有利于识别假币和挑出损伤券。

（一）持钞

钞券横立，左手持钞。持钞时，手心朝胸前，手指向下，中指在票前，食指、无名指、小指在后，将钞券夹紧；以中指为轴心五指自然弯曲，中指第二关节顶住钞券，向外用力，小指、无名指、食指、拇指同时向手心方向用力，将钞券压成"U"形，"U"口朝里；这里要注意食指和拇指要从右上侧将钞券往里下方轻压，打开微扇；手腕向里转动90度，使钞券的凹面向左但略朝里，凸面朝外向右；中指和无名指夹住钞券，食指移到钞券外侧面，用指尖按住钞券，以防下滑，大拇指轻轻按住钞券外上侧，既防钞券下滑又要配合右手清点。最后，左手将钞券移至胸前约20厘米的位置，右手五指同时沾水，做好清点准备（见图1-6）。

（二）清点

两只手摆放要自然。一般左手持钞略低，右手手腕抬起高于左手。清点时，右手拇指轻轻托住内上角里侧的少量钞券，其余四指自然并拢，弯曲成弓形，食指在上，中指、无名指、小指依次略低，四个指尖呈一条斜线；然后从小指开始，四个指尖依次各捻下一张，四指共捻四张；接着以同样的方法清点，循环往复，点完25次即点完100张。

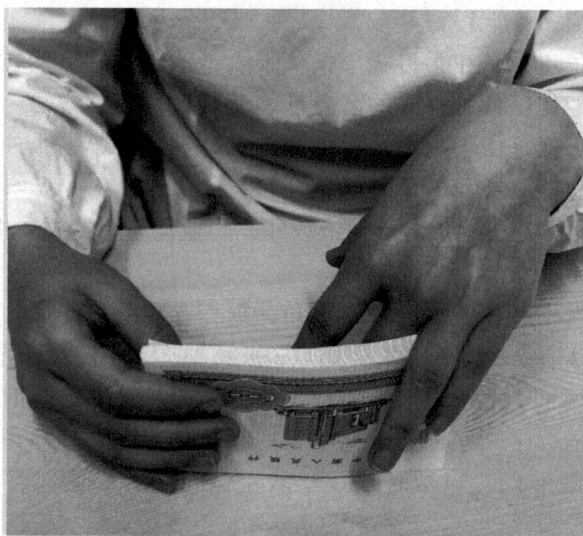

①钞券横立，左手持钞

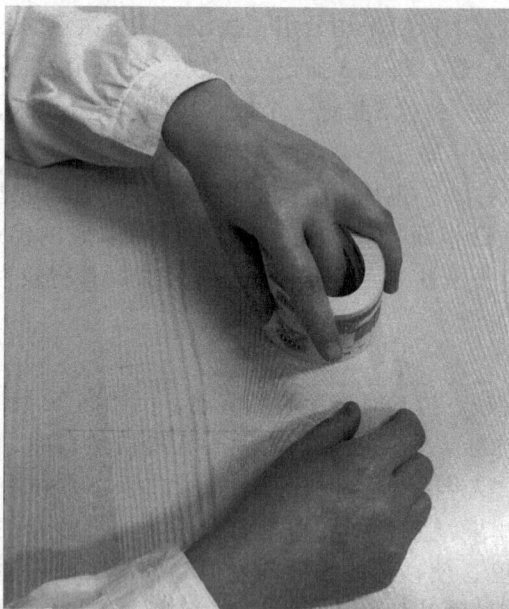

视频1-5

手持式四指
拨动点钞法

②钞券夹紧成"U"形

图1-6　手持式四指拨动点钞法之持钞

　　用这种方法清点要注意以下几个方面：一是捻钞券时动作要连续，下张时一次一次连续不断，当食指捻下本次最后一张时，小指要紧紧跟上，每次之间不要间歇。二是捻钞的幅度要小，手指离券面不要过远，四个指头要一起动作，加快往返速度。三是四个指头与券面接触面要小，应用指尖接触券面进行捻动。四是右手拇指随着钞券的不断下捻向前移动，托住钞券，但不能离开钞券。五是在右手捻钞的同时左手要配合动作，每当右手捻下一次钞券，左手拇指就要推动一次，二指同时松开，使捻出的钞券自然下落，再按住未点的钞券，重复动作，使下钞顺畅自如（见图1-7）。

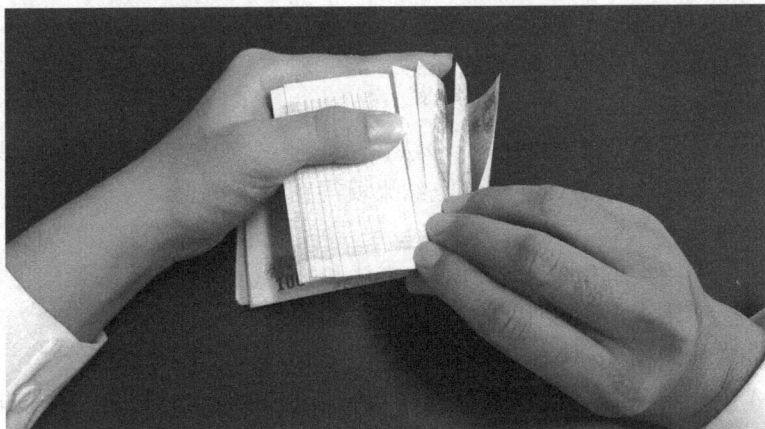

图1-7　手持式四指拨动点钞法之清点

（三）记数

采用分组记数法，以四个指头顺次捻下四张为一次，每次为一组，25次即25组为100张。

（四）扎把与盖章

扎把与盖章的方法与手持式单指单张点钞法相同。

采用手持式四指拨动法点钞法，清点前不必先折腰条纸，只要将捆扎钞券的腰条纸挪移到钞券1/4处就可以开始清点，发现问题可保持原状，便于追查。清点完毕，初点不用勾断腰条纸，复点完时顺便将腰条纸勾断，重新扎把和盖章。

四、手持式五指拨动点钞法

手持式五指拨动点钞法适用于收款、付款和整点工作。它的优点是效率高、记数省力，可减轻劳动强度。这种方法要求五个手指依次动作，动作难度较大。

（一）持钞

钞券横立，用左手持钞。持钞时，左手小指、拇指放在钞券面前，其余三个手指放在钞券后，拇指用力把钞券压成瓦形，用右手退下腰条纸。左手将钞券右边向右手拍打一下，并用右手顺势将钞券推起。左手变换各手指位置，即用无名指、小指夹住钞券左下端，中指和食指按在钞券外侧，食指在上，中指在下，拇指轻压在钞券上外侧使钞券成瓦形。

（二）清点

右手五个指头沾水，从右角将钞券逐张向怀里方向拨动，以拇指开始，依次食指、中指、无名指，直至小指收尾为止。每指拨一张，一次为5张。

（三）记数

采用分组记数法，每5张为一组记一个数，记满20组为100张。

实践训练

一、实训内容

1.分小组训练手持式单指单张点钞法，分为单把测试和多把测试。单把测试完成准确清点一把钞券的任务，需完成点数和扎把两个环节，并将清点结果填写在记录单上。多把测试为准确清点多把钞券的任务，需完成点数和扎把两个环节，并将清点结果填写在记录单上。

2.分小组训练手持式多指多张点钞法，单把测试完成准确清点一把钞券的任务，需完成点数和扎把两个环节，并将清点结果填写在记录单上。

二、实训目标

1.熟练掌握手持式单指单张点钞法的方法和技巧。

2.基本掌握手持式多指多张点钞法的方法和技巧。

三、实训考核

1.手持式单指单张点钞法测试标准：每把（100张）45秒以内准确点完为优秀，每把50秒以内准确点完为良好，每把60秒以内准确点完为及格。

2.以小组为单位进行多把测试，用时5分钟。给5把（每把100～110张）以上钞券，要求连点带扎5把以上。点对3把为及格，点对4把为良好，点对5把为优秀（包括扎把、盖章）。

任务三　　　　　　　　　扇面点钞法

任务导入

扇面点钞法点钞速度快，是手工点钞中效率最高的一种。在比赛当中，为了追求速度和准确率，大多采用扇面点钞法。扇面点钞法的关键在于开扇。如何快速开扇？开扇有什么技巧？开扇以后如何快速清点钞券？这正是本任务要学习的内容。

知识要点

扇面点钞最适合用于整点新券及复点工作，是一种效率较高的点钞方法。但这种点钞方法清点时往往只看票边，券面可视面极小，不便挑剔残破券和鉴别假票，不适用于整点新旧币混合的钞券。

扇面点钞法一般有持票拆把、开扇、清点、记数、合扇、扎把等基本环节。由于清点方法不同，扇面点钞法可分为一指多张点钞法和多指多张点法两种。一次下按得越多，点数的难度就越大，初学者应注意选择适当的张数。下面分别介绍这两种方法。

一、扇面式一指多张点钞法

（一）持票拆把

钞券竖拿，钞券正面朝向身体。左手拇指在钞券前，食指和中指在钞券后一并捏住钞券左下角约1/3处，左手无名指和小指自然弯曲。右手拇指在券前，其余四指横在券后约1/2处，用虎口卡住钞券右侧面，并把钞券压成瓦形，再用拇指勾断钞券上的腰条纸做开扇准备（见图1-8）。

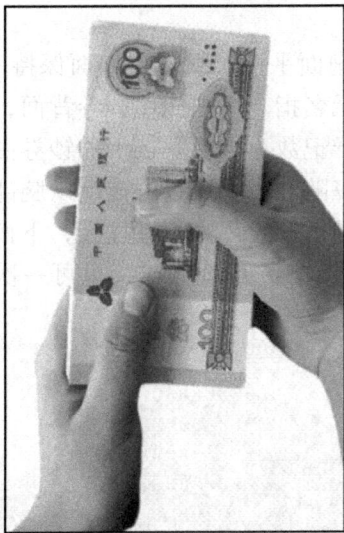

图 1-8　开扇准备

（二）开扇

开扇也叫打扇面，是扇面点钞最关键的环节。扇面开得匀不匀，直接影响点钞的准确性。因此，扇面一定要开得均匀，即每张钞券的间隔要均匀。开扇后钞券上部呈大扇面形状，下部呈相反方向的小扇形，开出的效果如同一把打开的纸扇。

一次性开扇的方法是：以左手为轴，以左手拇指和食指持票的位置为轴心，右手拇指用力将钞券往外推，右手食指和中指将钞券往怀里方向转过来然后向外甩动，同时左手拇指和食指从右向左捻动。左手捻、右手甩要同时进行。一次性开扇效率高，但难度较大。开扇时注意左右手协调配合，右手甩扇面要用力，右手甩时左手拇指要放松，这样才能一次性甩开扇面，并使扇面开得均匀（见图 1-9）。

课堂训练 1-3

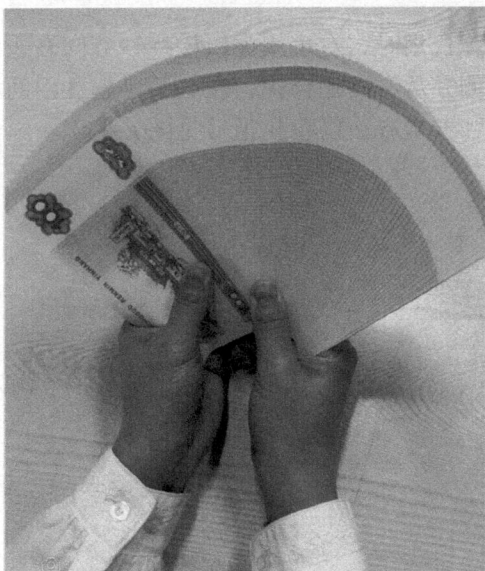

图 1-9　开扇

（三）清点

清点时，左手持钞，使扇面平持，眼睛与扇面保持一定距离。钞券上端略上翘，使钞券略倾斜，右手中指、无名指、小指托住钞券背面，分组进行清点，右手拇指一次按5张或10张钞券，以便于记数为原则。按下的钞券由食指压住，接着拇指按第二次，以此类推。同时，左手应随着右手点数的速度以腕部为轴稍向怀里方向转动。用这种方法清点时，要注意拇指下按时用力不宜过大，下按时拇指一般按在钞券的右上角。从下按的张数来看，如点钞员经验丰富，也可一次下按6张、8张、12张、14张、16张等（见图1-10）。

图1-10 清点

（四）记数

采用分组记数法。一按5张即每5张为一组，记满20组为100张；一按10张即每10张为一组，记满10组为100张。以此类推。

（五）合扇

清点完毕即可合扇。合扇时，左手用虎口松拢钞券向右边压；右手拇指在前，其余四指在后托住钞券右侧并从右向左合拢，左右手一起往中间稍用力，使钞券竖立在桌面上，两手轻拢，将钞券墩齐，以备扎把（见图1-11）。

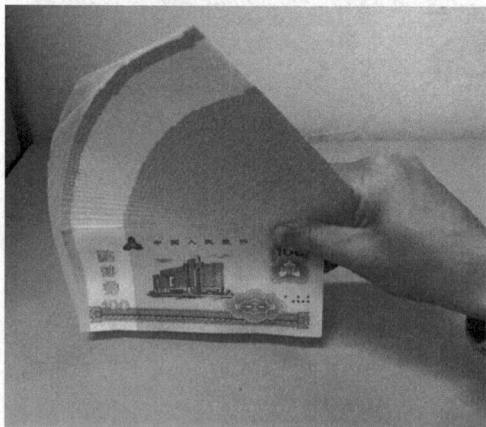

图1-11 合扇

二、扇面式多指多张点钞法

扇面式多指多张点钞法，有一指捻下5张、6张、7张、8张等，最多可达15张，因此这种点钞方法的速度相当快。这种点钞方法的持票拆把、开扇、记数、合扇等方法与扇面式一指多张点钞法相同，仅清点方法有所区别。故这里只介绍它的清点操作过程，并以四指5张为例。

清点时，左手持扇面，右手清点。因个人习惯，也可右手持扇面，左手清点。右手持扇面时，先用左手拇指下按第一个5张，然后左手食指沿钞券上端向前移动按下第二个5张，中指和无名指依次下按第三、第四个5张，这样即完成一组动作。当无名指下按第四个5张后，拇指应迅速接着下按第一个5张，即开始第二轮的操作。四个手指依次轮流反复操作。由于左手指移动速度快，在清点过程中要注意右臂要随各个手指的点数轻轻向左移动，还应注意每指清点的张数应相同。下按6张、7张等钞券的方法与下按5张相同。

用五个手指、三个手指、两个手指均可清点。其清点方法与四指多张相同。

视频 1-7

扇面式多指
多张点钞法

拓展阅读 1-2　　小伙苦练扇面点钞法 3 分 11 秒，精准点钞 593 张

2017 年 11 月 18 日上午 8 时 40 分，"金融微笑天使"决赛展开了第一项角逐，当天 50 余名银行业选手同台进行点钞比拼。对选手而言，点钞技能比拼不仅考验着他们的业务能力和临场心态，也是比赛头项技能排名的关键之战，不仅要速度快，更为重要的是准确度。

"我们不仅对速度有要求，对准确率也有要求。此外，对点钞券捆绑外形、松紧度等都有严格要求，一切按照实际业务办理时对待。"评委告诉记者，尤其是在比赛过程中高度紧张的状态下，合格率是相对较低的，需要参赛者有良好的心理素质。

记者在现场看到，点钞比赛刚刚开始，第二组选手陈心然吸引了大家的眼球，在场的选手大多数都以传统的点钞法进行点钞，即单指单张点钞，而来自济宁银行解放路支行的陈心然却用扇面点钞法进行点钞，基本是 10 张点一次，然后快速单张清点，不到两分钟时间，陈心然已清点了大部分点钞券。最终，他用 3 分 11 秒的时间清点了 593 张点钞券，成为小组第一名，也成为本次比赛全场点钞最快的选手。

台上一分钟，台下十年功。陈心然刚刚步入银行时，每天利用业余时间练习点钞手法，点钞券达到 200 把（每把 100 张）以上，若换算成人民币，陈心然每天手点钞训练量超过 2 万张。现在，陈心然的最好成绩达到十几秒清点完一把点钞券。

资料来源：佚名. 小伙苦练扇面点钞法，3 分 11 秒精准点钞 593 张 [EB/OL]. [2017-11-20]. https://www.toutiao.com/i6490302083382641165/.

实践训练

一、实训内容

1.分小组训练扇面式一指多张点钞法，分为单把测试和多把测试。单把测试完成准确清点一把钞券的任务，需完成点数和扎把两个环节，并将清点结果填写在记录单上。多把测试为准确清点多把钞券的任务，需完成点数和扎把两个环节，并将清点结果填写在记录单上。

2.分小组训练扇面式四指多张点钞法。单把测试完成准确清点一把钞券的任务，需完成点数和扎把两个环节，并将清点结果填写在记录单上。

二、实训目标

1.熟练掌握扇面式一指多张点钞法的方法和技巧。

2.基本掌握扇面式多指多张点钞法的方法和技巧。

三、实训考核

1.单把测试。扇面式一指多张点钞法测试标准：每把（100张）45秒以内准确点完为优秀，每把50秒以内准确点完为良好，每把50~60秒以内准确点完为及格。

2.多把测试。用时5分钟。给5把（每把100~110张）以上钞券，要求连点带扎5把以上。点对3把为及格，点对4把为良好，点对5把为优秀（包括扎把、盖章）。

任务四 手按式点钞法

任务导入

手按式点钞法是银行最传统、最常用的点钞方法。大家去银行柜台办理存取款业务时，会看到银行柜员将钞券放在桌面上进行清点，不同于手持式点钞法和扇面点钞法，这就是手按式点钞法。那么，手按式点钞法的基本环节又是什么呢？这正是本任务要学习的内容。

知识要点

手按式点钞法是将钞券按放在桌面上进行清点的点钞方法。手按式点钞法一般可分为单指单张点钞、多指多张点钞、单指推动点钞、多指推动点钞等多种方法。

一、手按式单指单张点钞法

手按式单指单张点钞法是一种传统的点钞方法，在我国流传盛广。它适用于收付款和整点各种新、旧大小钞券。由于这种点钞方法逐张清点，看到的券面较大，便于挑剔损伤券，特别适宜于清点散把钞券和辅币及残破券多的钞券。

（一）按把

将钞券横放在桌面上，一般在点钞员正胸前。左手小指、无名指微弯按住钞券左上角，约占券面1/3处，食指伸向腰条纸并将其勾断，拇指、食指和中指微屈做好点钞准备（见图1-12）。

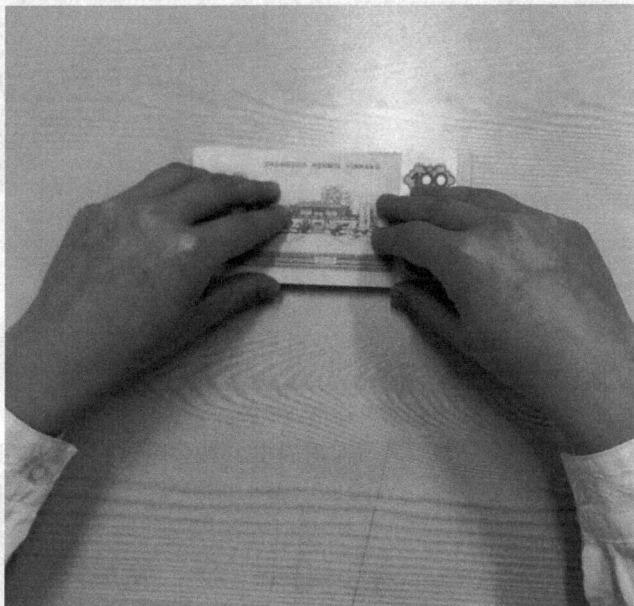

视频1-8

手按式单指
单张点钞法

图1-12　按把

（二）清点

右手拇指托起右下角的部分钞券，用右手食指捻动钞券，其余手指自然弯曲。右手食指每捻起一张，左手拇指便将钞券推送到左手食指与中指间夹住，这样就完成了一次点钞动作，以后依次连续这样的操作（见图1-13）。

①右手拇指托起钞券的右下角

②右手食指捻动钞券

③送到左手食指与中指间夹住

图1-13 清点

用这种方法清点时，应注意右手拇指托起的钞券不要太多，否则会使食指捻动困难；也不宜太少，太少会增加拇指的活动次数，从而影响清点速度，一般一次以20张左右为宜。

（三）记数

记数可采用双数记数法，数至50为100张；也可采用分组记数法，以10为一组记数。记数方法与手持式单指单张点钞法基本相同。

上述操作方法，左右手的拇指、中指、食指在清点过程中，每捻起一张都需要动作，不仅影响速度，而且钞券容易滑动以致松散，不易清点，手指也很累。因此，手持式单指单张点钞法还有另一种操作形式：

左手按券方式与前一种方法相同。右手自然摆放在桌面上，手腕微抬起。右手的小指、无名指按在右上角，小指压紧钞券，无名指稍松，中指微弯曲。清点时，右手拇指托起部分钞券，食指每捻起一张即由左手拇指切数并用拇指和食指夹住；捻数张后，左手拇指即将钞券推送到食指和中指之间夹住。一般捻起5张或10张后，左手拇指便推动一次。记数可用分组记数法。每5张或10张为一组，记满20组或10组为100张。

用这种形式进行操作，减少了左手中指和食指动作的次数，手指不易累或酸；右手小指和无名指按住钞券后，钞券也不易滑动；记数简单，如感到记数有误时，只要左手拇指放下没有记准的这一组重新清点外，无须重新清点其余各组钞券，这样有利于提高工作效率。

二、手按式多指多张点钞法

手按式多指多张点钞法是在手按式单指单张基础上发展起来的点钞方法，因此，点钞的方法与手按式单指单张基本相同，只是清点和记数略有不同。下面我们着重介绍它们的不同之处。

手按式双张点钞时，左手的小指、无名指压在钞券的左上方约占券面的1/4处；右手拇指、食指、中指沾水后，用拇指托起部分钞券，用中指向上捻起第一张，随即用食指捻起第二张，捻起的这两张钞券由左手拇指送到左手食指和中指之间夹住。记数采用分组记数法，每2张为1组，记满50组为100张。点双张时，应注意右手臂要稍抬起，右手臂高于右手腕，手指朝右边，这样便于捻动。

手按式三张、四张点钞法适用于收付款和整点各种新旧主币、辅币。它的速度明显快于单指单张和双指双张点钞法。但由于除第一张外，其余各张所能看到的券面较小，不宜整点残破币多的钞券。手按式三张、四张点钞的基本方法与双张点钞法相同，只是清点、记数方法略有不同。

手按式三张、四张点钞时，左手压钞的方法与双张点钞相同。右手拇指托起右下角的部分钞券。三张点钞时，先用无名指捻动第一张，随后用中指食指顺序捻起第二张和第三张；四张点钞时，先用小指捻起第一张，随后无名指、中指和食指分别捻起第二张、第三张、第四张；捻起的三张或四张钞券用左手拇指向上推送到左手的食指和中指间夹住。采用三张、四张点钞法时，与双张点钞法一样，注意手臂要抬起，右手手指朝左边，手心向下，点数时手指也不宜抬得过高。

手按式三张、四张点钞法可采用分组记数。三张点钞法可以三张为一组记一个数，数33组还剩一张为100张；四张点钞法可以四张为一组记一个数，数到25组为100张。

三、手按式单指推动点钞法

手按式单指推动点钞法也是使用较广的一种点钞方法。它适用于收款、付款和整点各种钞券，尤其适用于整点成把的百元和五十元以下的主币。这种点钞方法效率较高。但除第一张外，其余各张券面可视面很小，不易发现假币和剔除损伤券。

这种点钞法的操作方法如下：把钞券横放在桌面上，左手无名指微屈按住钞券左上角约1/3处。右手肘靠在桌子上，右手五个手指自然弯曲；用中指第一关节托起部分钞券后，中指、无名指、小指垫入部分钞券下面；拇指从右下角推起数张钞券；食指按在钞券右上角配合拇指推动，同时也防止拇指推动时钞券向上移动。左手拇指根据右手推起的钞券数将钞券推送到中指与食指之间夹住。这样便完成了一组动作，以后按此方法连续操作。

用这种方法清点，要注意右手拇指推动时，要先从拇指尖开始推动，直到拇指肚收尾为止。拇指用力要均匀，这样才能均匀地把钞券推捻开。一般一次推捻3～10张，中指托起的钞券也不宜太多。记数时，眼睛要从钞券里侧往外看。记数可采用分

视频1-9

手按式单指
推动点钞法

组记数，如一次推捻4张，那么以4张为一组记数，数25组为100张，以此类推。

四、手按式多指推动点钞法

手按式多指推动点钞法适用于各种面额钞券的清点，更适用于整点成把主币。其操作方法如下：

（一）放券

将钞券斜放在桌面上呈45度角，右下角对正胸前，左手无名指、小指自然弯曲压在钞券左端约占券面的1/4处，同时用右手的食指、中指、无名指、小指沾水做好点钞准备。

（二）清点

清点前，用右手在钞券右下角侧面将钞券向左上方推动一下，使钞券松散。推捻时可用三指推动，也可用四指推动。用四指推动时，先用小指从右下角向上推捻起第一张，然后用无名指、中指、食指顺序分别各推起一张钞券；用三指推动时，先用无名指推捻起第一张，然后用中指、食指各推起一张。推起的钞券由左手拇指推送到左手食指和中指之间夹住。这样便完成一组动作，以后按此方法连续操作。

（三）记数

记数采用分组记数法。每次推动3张的以3张为一组记数，每次推动4张的，以4张为一组记数，记满33组余1张或记满25组为100张。

工匠风采　　　　用指尖点亮青春，做新时代的金融匠人

——"中国十大金融工匠"李莉

思政案例：

蒙眼点钞敢为先，

指尖韵律谱新篇，

岗位能手荣嘉冠，

匠心独运永绵延！

还记得2019年登上央视《挑战不可能》节目中刷新30秒蒙眼点钞的吉尼斯世界纪录的中行追梦人吗？时隔一年，在第20届全国青年岗位能手标兵名单上，我们再次看到了这个熟悉的名字，她就是中国银行陕西省分行营业部综合柜员李莉。

自2011年参加工作成为一名普通的银行柜员以来，为了提升服务质量和水平，李莉苦练本领，钻研点钞技能。她研究了多种点钞手法，在提升业务技能的同时，也将其经验在行业推广。她不断突破自我，挑战不可能，曾打破了点钞的世界纪录，在业内获得诸多认可，彰显了当代金融人的匠人精神。她先后获得"陕西省金融杰出职工""全国金融青年岗位能手""全国金融系统青年五四奖章""全国五一劳动奖章"等诸多荣誉。2020年，她获评了"2019—2020年度全国十大金融工匠"。

在一线工作的李莉，每天要和现金打交道。无数票面不一、残损破旧的现金必须通过手工清点，这增加了业务办理的时间，造成客户等待时间长，抱怨声不断。每当此时，李莉认识到银行业务技能的重要性，手下的速度就是客户的时间，李莉决心用一切能利用的时间来练习点钞技能。

由于长时间的练习，李莉的右手拇指、食指的指纹越来越淡，左手中指磨出了厚厚的茧子，无名指中间关节因夹钞的缘故，骨骼略微突出。为了提升扎腰条的速度，李莉的右手划出了很多口子。练习点钞耐力时，她不断增加练功券数量，中途不休息，在拇指上挂锁头，在右手四指上绕皮筋。无论是上班时的空闲片刻，还是下班后的休息时间，她都抓紧时间练习，手指变形、划破、恢复，如此反复，日复一日的努力，换得了她的不断进步。

青年岗位能手要求立足岗位，精进技能，在岗位上发挥自己的光和热。李莉的座右铭便是：能与时间匹敌的只有才华，于喧嚣中沉寂的唯有匠心。李莉在平凡的岗位铸就了自己的不平凡，她的勤奋务实、爱岗敬业，为当代青年金融人树立了榜样。

传承匠心精神，新时代青年人要有新作为。青年应摒弃喧嚣浮躁，常怀赤子之心，不惑于选择，不畏惧磨砺，每钻研一项业务，每服务一位客户都要有一种庄严的仪式感，苦练本领促发展，强化执行勇担当，这便是延绵百年的"匠心传承"。

资料来源：王海. 超越不可能！这就是新时代的金融匠人！［EB/OL］. (2020-05-19). https://www.sohu.com/a/396346210_167488.经过改编。

启示：

党的二十大报告指出："加快建设国家战略人才力量，努力培养造就更多大师、战略科学家、一流科技领军人才和创新团队、青年科技人才、卓越工程师、大国工匠、高技能人才。"因此要建设知识型、技能型、创新型劳动者大军，弘扬劳模精神和工匠精神，营造劳动光荣的社会风尚和精益求精的敬业风气。通过对金融工匠李莉的典型事迹的学习，使学生们认识到即使在平凡的岗位，也应当具有严谨、认真、负责、专注、精益求精等优秀的工作态度，以二十大报告精神为引领，将实践创新作为工作的基本要求，在见贤思齐中砥砺奋斗之志，弘扬进取之风，为社会发展贡献自己的一份力量。

实践训练

一、实训内容

分小组训练手按式单指单张点钞法，分为单把测试和多把测试。单把测试完成准确清点一把钞券的任务，包含点数和扎把两个环节，并将清点结果填写在记录单上。多把测试完成准确清点多把钞券的任务，包含点数和扎把两个环节，并将清点结果填写在记录单上。

二、实训目标

熟练掌握手按式单指单张点钞法的技能技巧。

三、实训考核

1.单把测试。扇面式一指多张点钞法测试标准：每把（100张）45秒以内准确点完为优秀，每把45~50秒准确点完为良好，每把50~60秒准确点完为及格。

2.多把测试。用时5分钟。给5把（每把100～110张）以上钞券，要求连点带扎5把以上。点对3把为及格，点对4把为良好，点对5把为优秀（包括扎把、盖章）。

任务五　　　　　　　　　　　机器点钞

任务导入

机器点钞是财富的保证、安全的卫士，其操作简便、速度快，轻松检测，识别残缺，辨别真伪，报警提示，可以提高工作效率，降低劳动强度。现在客户去银行柜台办理业务，都会发现每个柜台窗口前都有一台点钞机。那么，点钞机是如何点钞的呢？这正是本任务要学习的内容。

知识要点

机器点钞就是使用点钞机整点钞券。由于机器点钞效率高，一般时数可达5万～7万张，比手工点钞快2～3倍，能有效地提高银行柜台服务质量，降低点钞员的劳动强度，而且在点钞的同时还能够检验钞券的真假。因此，它成为商业银行柜台经办人员点钞的主要方式，点钞员都应掌握此方法。科技的进步使得机器点钞技术越来越先进，点钞机器不仅能点钞计数，识别纸币的真伪，还有功能强大的各种混点模式、清点模式、冠字号记录、柜员号点钞记录等等。随着人工智能的发展，甚至出现了机器人点钞，实现了点钞自动化。机器点钞适用于清点比较新的、大面额的批量款项，而残币和辅币还要靠手工清点。

动画 1-1

点钞机的故事

市场上，目前点钞机的型号和种类很多，功能也各不相同，但原理大同小异，主要的功能只有两种，即点钞和防伪，操作方法也基本相同。

一、纸币点钞机介绍

常见的纸币点钞机有卧式点钞机、立式点钞机和封闭式点钞机等。

卧式点钞机使用时，券面在输钞带上摊开，便于查点券面是否一致。

立式点钞机可按要求数目清点，一次最多可数200张，可挑残券，发生卷叠重张券时，机器可报警，红灯显示并停机。

封闭式点钞机工作时杂音小，由于是封闭型，可以防止整点时灰尘飞散。

二、机器点钞前的准备

1.开箱

对新买的设备，应先把随机配件取出，然后将点钞机安放在平稳的桌面上，检查机器外观有无变形、损坏，各部分接口是否牢靠，螺钉是否紧固。点钞前，应将点钞机放在操作员正前方稍右，距桌边20～30厘米的地方。

2.连接电源

如果机器各部件完好无损，即可将电源插到220V的电源插座上。为确保人身安全，电源插座应接地线。

3.开机

打开电源开关，这时计数显示屏显示"0"，表示电源接通，机器处于正常操作状态。先试机，检查下钞券是否准确、通畅、整齐。

4.点钞物品的摆放

将待点的钞券整齐地摆放在点钞机的右侧，按券面值大小顺序排列，或从小到大，或从大到小，切不可大小夹杂排列，以免影响效率；然后将印章、纸条等用具按本人使用习惯摆放整齐，以保证点钞过程的连续性。

5.选择按键

根据点钞的不同需要，选择相应的功能键。

三、机器点钞的操作程序

1.持钞

右手握住钞券，拇指与中指、无名指、小指分别捏住钞券两侧，拇指在里侧、其余三指在外侧，将同一面额的纸币捻成一定的斜度，稍用力将钞券横捏成瓦形，中指在中间自然弯曲。同时，食指勾断腰条纸，将钞券平放入喂钞台。

2.点数

课堂训练1-4

将钞券放入喂钞台，不要用力，点钞机开始自动传送计数、识别、整理。点钞员眼睛要注意传送带上的钞券面额，看钞券是否夹有其他票券、损伤券、假钞等，同时要观察数码显示情况。拆下的腰条纸先放在桌子一边不要丢掉，以便查错用。

3.计数

待喂钞台上的钞券全部输送完毕，机器自动停止点数，此时计数器显示屏上显示的数字就是该叠钞券的数量。取出接钞台上的钞券，点钞机显示屏上的数字将自动清零，准备重新计数。

传送带上的钞券下张完毕时，要查看数码显示是否为"100"。如显示的数字不为"100"，必须重新复点。在复点前应先将数码显示为"00"状态并保管好原把腰条纸。如经复点仍是原数，又无其他不正常因素时，说明该把钞券张数有误，即应将钞券连同原腰条纸一起用新的腰条纸扎好，并在新的腰条纸上写上差错张数，另作处理。

小知识1-2　　　　　　　　操作中要做到"三看"

一看：传送带上的钞券面额是否一致，是否有损伤券和假币；

二看：观察计数器数码显示数字是否正确；

三看：下钞斗内是否有钞券遗漏。

4.累计显示

当需要累计显示时，应按一下面板的"累加"键，指示灯亮，点钞机就在计数显示窗原显示数目的基础上进行累加计数。点钞完毕，计数显示屏显示的数目就是数量之和。累计显示达9999时，计数显示屏自动恢复到"0"。

5.墩齐、扎把

点钞结束、数量清点无误后，即可扎把。扎把时，左手拇指在上，其他四指在下，手掌向上把钞券从接钞台里拿出。拿钞时，将钞券墩齐，按缠绕式或拧结式扎把。

6.盖章

复点完全部钞券后，点钞员要逐把盖好名章。盖章时要做到先轻后重，整齐、清晰。

四、机器点钞的方式

点钞机点钞通常有以下几种清点方式：

1.全数清点方式

关闭所有检测功能键，在自动启动的状态下可以进行全数清点。把钞券横放于滑钞板上，机器会自动启动、运行，直至滑钞板上钞券走空，清点数目显示在计数器上。如果要继续清点，则取走接钞板上的钞券，并把另一把钞券放在滑钞板上，计数显示窗数值自动回"0"，机器重新启动并点钞。如果不取走接钞板上的钞券，而在滑钞板上加放钞券，机器将自行启动，且将新点的张数累加于原计数值上。

2.累加清点方式

按累加键，指示灯亮，表示机器处于累加点钞方式。清点完第一把钞券后，如果要继续清点，不管接钞板上的钞券是否取走，只要把钞券放于滑钞板上，机器便会自行启动点钞，而且将新点的钞券张数累加于原数值上，以此类推，直至数值显示到"9999"张后，即回到"0"重新计数。

3.定量清点方式

通过按预置键，加或减数键，可在"1~999"范围内选取预定数值，选定后机器即自动选择了定量清点方式。把钞券放于滑钞板上，机器便会自行启动点钞，当点钞计数到预定数值时，机器会自动停止。如果要重复定量清点，只要拿走接钞板上已经点过的钞券，机器会自动重复上述过程。若不拿走接钞板上的钞券，只要按启动键，机器也会启动点钞，重复定量清点，计数显示窗将显示所累计的数值。未达到预定数值时，应重新往滑钞板上放入钞券，机器会自行启动，连续计数，并达到预定数值时停止。

4.防伪清点方式

防伪清点方式包括：荧光、磁性、安全线、光谱，以及连张、半张、夹张等识别功能，按需要选择相应的功能键进行识别。使用紫光防伪检测效果；使用紫光防伪检测，开机后待紫光管预热3分钟，才能达到最佳检测效果；使用磁性防伪检测，按磁性键，指示灯亮即打开磁性防伪功能。连张、半张、夹张识别，是对长度小于70毫米、宽度大于25毫米的纸币进行检测。

在点钞过程中，当遇到可疑钞券时，机器会立即停机，发出警报声，并在预置窗闪动显示相应的检测信息代号，可疑币停留在接钞板表面第一张处。机器停机约5秒后，自行启动继续运行，或按启动键随时让机器启动继续点钞。

五、机器点钞的注意事项

1.点钞时，必须检查点钞机计数器显示的读数是否为0，数字非零时必须按"清零"键将读数清零。

2.送钞是机器点钞的关键。送钞时右手要平稳，左手拇指稍用力向下方掀动钞券下侧面，使钞券成微梯形后放入喂钞口，注意不可用力往下压钞券，要让钞券自动下滑。

3.钞券全部下到接钞口后，要看清计数器上显示的数字是否与实际张数相符。如不符，要重新清点一次。

4.左手将清点无误的钞券从接钞口取出后，要检查点钞机周围有无掉张，无掉张时，右手应立即将下一把钞券放入喂钞口清点，尽量不留空隙。

5.点钞时如果出现计数显示器闪烁，是机器提示出现点钞不准，要求重新整点的警告。如因操作不熟练导致卡钞、出现紊乱，应立即关闭电源开关。

6.清点无误的钞券墩齐、扎把时（盖章工序一般留在每笔款项全部清点完毕后），眼睛应紧盯点钞机上还在清点的其他钞券。扎好的钞券应放在点钞机的左侧。

在日常练习中，机器点钞的口诀如下：

认真操作争分秒，左右连贯用技巧；

右手投下欲点钞，左手拿出捻毕钞；

两眼查看券面跑，余光扫过计数表；

顺序操作莫慌乱，环节动作要减少；

原钞腰条必须换，快速扎把应做到；

维修保养经常搞，正常运转功效高。

实践训练

一、实训内容

教师准备真纸币和练功券若干张，以小组为单位，每组放一台点钞机，每个学生至少操作三次，分三种情况练习：

（1）全部是真币的练习；

（2）真币和练功券混合练习；

（3）练功券的练习。

二、实训目标

1.熟练掌握机器点钞的环节和步骤。

2.通过机器点钞法能够准确、迅速地清点钞券。

三、实训考核

根据学生清点钞券的准确率和辨别真假币的准确率予以评分。

任务六　　　　　　　　　　捆扎与盖章

任务导入

点钞完毕是否意味着整个钞券清点的过程就结束了？当然不是。手工捆扎是钞券清点完成后的工作。无论采用何种点钞方法，当完成了清点操作后，都需要按规定进行捆扎。捆扎过后还要盖章。捆扎紧实、盖章清楚是钞券整理的基本要求。

知识要点

捆扎和盖章是点钞操作的一道重要流程。操作时，捆扎要松紧适度，均衡用力，紧而不断，盖章动作要流畅，达到技术要求和质量标准。钞券整理墩齐、扎把、盖章紧密衔接，是提高点钞速度的有效途径。

捆扎包括捆单把和捆大捆。所谓捆单把是指将点数完毕的每100张钞券捆成一把；所谓捆大捆是指将已经捆好的单把按10把为一组捆成大捆。

一、缠绕式

临柜收款通常采用此种方法。缠绕式扎把的具体操作方法（见图1-14）如下：

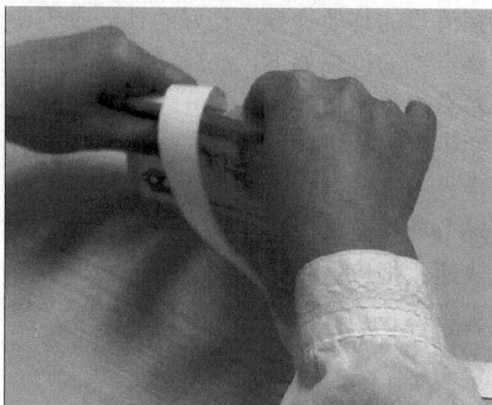

①扎钞条一边夹于钞券中

②右手将扎钞条按于钞票上

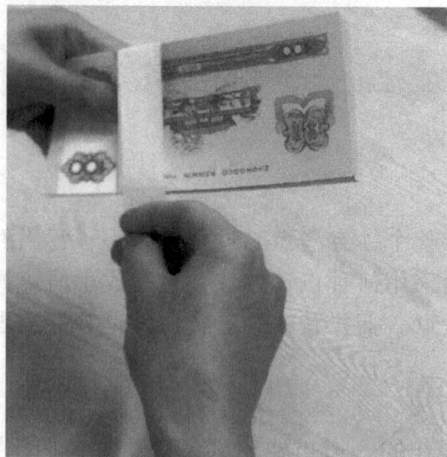

③绕钞把翻转2圈

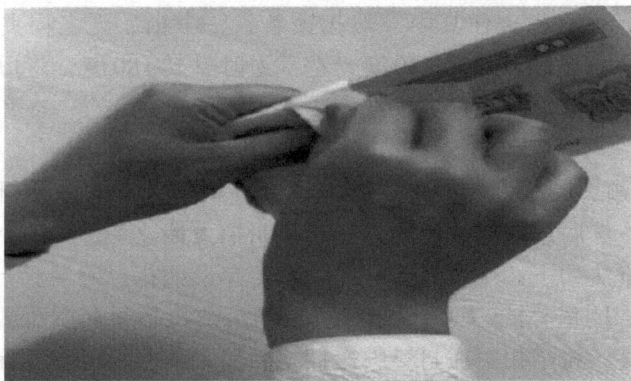

④右手拇指或食指塞扎钞条

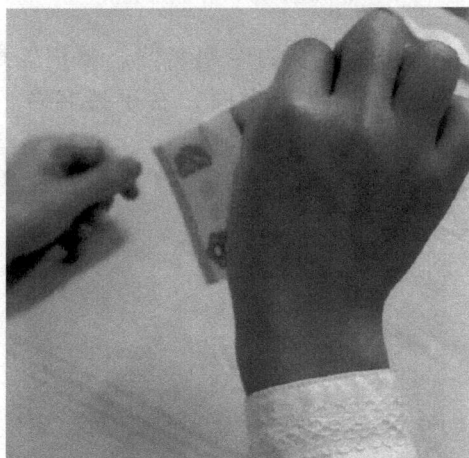

⑤捆扎后的钞券不松动

图1-14　缠绕式扎把

视频 1-10

缠绕式扎把

（1）将点过的钞券100张墩齐。

（2）左手从长的方向拦腰握着钞券，使之呈瓦状（瓦状的幅度影响扎钞的松紧，在捆扎中幅度不能变）。

（3）右手握着扎钞条头将其从钞券的长的方向夹入钞券的中间（离一端1/4～1/3处）从凹面开始由下往上绕两圈至正面底边处。

（4）右手拇指将扎钞条向右反折45度，最后用拇指或食指将扎钞条向左塞入扎钞条内，然后再回转一圈，扎牢钞条。

（5）整理钞券。

二、扭结式

考核、比赛常采用此种方法。其具体操作方法如下：

（1）将点过的钞券100张墩齐。

（2）左手握钞，使之呈瓦状。

（3）右手将扎钞条从钞券凸面放置，将两个扎钞条头绕到凹面，左手食指、拇指分别按住扎钞条与钞券厚度交界处。

（4）右手拇指、食指夹住其中一端扎钞条头，中指、无名指夹住另一端扎钞条头，并合在一起，右手顺时针转180度，左手逆时针转180度，将拇指和食指夹住的那一头从扎钞条与钞券之间绕过、打结。

三、捆大捆

将10把同面额、同版别、同种类（流通券、损伤券）的钞券同方向码放，在第一把上面放垫纸，然后用线绳或麻绳捆扎起来叫捆大捆。

其具体操作方法如下：用线绳或麻绳呈双十字形捆扎。所谓双十字形是指底面两个十字形要搭扣，即俗称的"双十字麻花"，绳头结扣必须在顶面垫纸处，捆扎完毕在垫纸上面贴封签，将结扣封在封签内。捆扎后的大捆要求压紧、捆牢、不松动、不变形。

四、盖章

每把钞券都要加盖带行号和姓名的专用名章。单把盖章时，用左手将若干把捆扎完毕的钞券掐在手中，横向立于桌面，右手持名章，在侧面逐把加盖（见图1-15）。

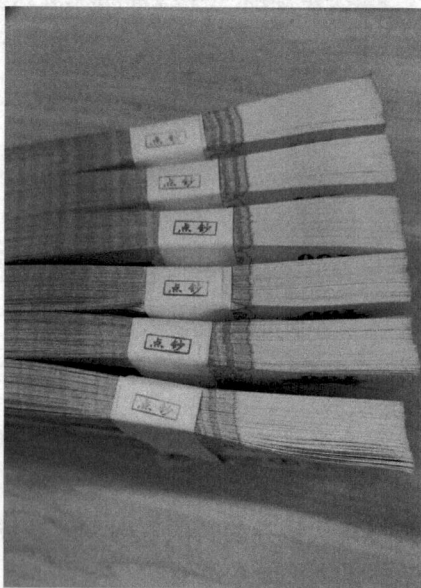

图1-15　盖章

视频1-11

盖章

小知识1-3　　　　　　　　　大捆小捆都要捆得漂亮

捆扎后的小捆要做到捆条缠绕时每圈重合，捆钞条的位置居中，折角整齐，钞券四边墩齐，钞面平整，松紧适度，捆扎后提起第一张不松动。

捆扎后的大捆要做到压紧、捆牢、不松动、不变形。

实践训练

一、实训内容

1.以小组为单位进行单把捆扎和多把捆扎训练，互查并评价捆扎质量。

2.将已经捆扎好的钞券，右手捏紧，左手盖章，清晰地将名章盖在每把钞券的侧面捆条上。

二、实训目标

1.熟练掌握扎把的动作和要求。

2.熟练掌握盖章的动作和要求。

三、实训考核

根据学生钞券捆扎的质量予以评分。每把练功券捆扎及盖章质量分为合格和不合格两种。捆扎不合格的情况为：（1）散把或能自然抽张；（2）扎把过紧呈船形；（3）成把券未墩齐，露头部分上下错开超过5毫米。

盖章出现不合格情况，每把扣1分。盖章不合格分为两种情况：（1）盖章未盖在指定位置，即扎把扎钞条的侧面；（2）盖章不清晰，即不能分辨文字或数字。

思维拓展 1-1

1.到今天，点钞机已经成为所有银行网点都必不可少的神器，它不仅能快速地点钞计数，识别纸币的真伪，而且有功能强大的各种混点模式、清点模式、冠字号记录、柜员号记录、ATM加钞联网等，为柜面工作人员节省了大量的宝贵时间，大大提高了工作效率。既然点钞机如此之强大，我们只要在日常中维护好点钞机就行了，为什么还要学手工点钞呢？

分析提示 1-1

要求：请同学们以小组为单位进行讨论分析，然后每个小组选一个代表做总结汇报。

2.有的同学点钞的时候速度上不来，速度上来了正确率又下降了，那么如何进一步提高点钞的速度和准确率？

分析提示 1-2

要求：请同学们以小组为单位进行讨论分析，将自己的实际训练过程进行分享并做总结汇报。

项目考核

一、选择题

1.下列各项中，属于单指单张点钞法的优点是（   ）。

A.点钞速度很快

B.可看到钞券的大部分，易于识别假币

C.一次只记一个数，比较费力

D.不易挑出残币

2.以下关于机器点钞的操作程序正确的是（　　　）。

A.持票拆把—点数—计数—扎把—盖章

B.点数—持票拆把—计数—扎把—盖章

C.计数—点数—持票拆把—扎把—盖章

D.持票拆把—计数—点数—扎把—盖章

3.以下哪一个不属于"五好钱捆"的标准：（　　　）。

A.持钞　　　　　　B.墩齐　　　　　　C.捆紧　　　　　　D.盖章清楚

4.（　　　）券面可视面极小，不便挑剔残破券和鉴别假票，不适用整点新旧币混合的钞券。

A.手持式点钞法　　B.扇面点钞法　　C.手按式点钞法　　D.机器点钞法

二、简答题

1.点钞的基本环节有哪些？

2.点钞的基本要求是什么？

3.手持式单指单张点钞法和手持式四指四张点钞法各有什么特点？

4.扇面式点钞法有哪几种？

5.机器点钞法的操作流程是什么？

三、实训题

某天，客户王小姐拿着一天的营业收入到银行存钱，她给了前台柜员一叠杂乱、弯折的钞券，金额是23 500元。其中，100元面额的钞券有150张，有2张残破券；50元面额的钞券有140张，10元面额的钞券有150张。请清点这些钞券。操作步骤及注意事项如下：

（1）依据现金收款凭证的金额，用手持式单指单张点钞法初点钞券，再用扇面一指多张点钞法复点钞券。

首先，清点100元面额的钞券。左手拿起待点的部分钞券，持钞、捻钞、记数，边点边将残破券随手向外一扭，使钞券伸出外面一截，点完100张后，把左手多余的钞券放在待点的100张钞券上，抽出2张残破券，补上2张好票；墩齐，采用缠绕式扎把法扎把；将剩下的50张钞券，每点10张用1张钞券拦腰包住其余9张钞券打成"一叠"，共有5叠，用扎条捆扎好并将实际金额写在扎条上。

然后，清点50元面额的钞券，操作步骤与清点100元面额的钞券相同，点完1把和4叠钞券。

最后，清点10元面额的钞券，操作步骤与清点100元面额的钞券相同，点完1把和5叠钞券。

（2）点数无误后盖章。将扎好的100元面额的钞券1把、50元面额的钞券1把、10元面额的钞券1把，共3把钞券横执，在侧面纸条加盖清点人员的名章。

项目评价表

内容		评价		
学习目标	评价项目	3	2	1
职业能力　熟悉点钞的基本知识、清点方法和要求	1.点钞的基本知识			
	2.点钞的清点方法			
	3.点钞的基本要求			
掌握手持式点钞法、扇面点钞法和手按式点钞法的基本操作技能	1.手持式点钞法			
	2.扇面式点钞法			
	3.手按式点钞法			
掌握机器点钞法的基本操作技能	1.机器点钞法			
掌握人民币的捆扎方法	1.缠绕式扎把法			
	2.扭结式扎把法			
通用能力　组织能力				
沟通能力				
解决问题的能力				
自我提高的能力				
创新能力				
综合评价				

等级说明:

3——能高质、高效地完成此学习目标的全部内容,并能解决遇到的特殊问题;

2——能高质、高效地完成此学习目标的全部内容;

1——能圆满完成此学习目标的全部内容,无需任何帮助和指导。

评价说明:

优秀——达到3级水平;

良好——达到2级水平;

合格——全部任务都达到1级水平;

不合格——不能达到1级水平。

项目二
货币鉴别

任务一　　　　　货币基础认知

任务导入

在市场经济条件下，货币和商品是构成市场的两大要素，我们每天的生活都离不开它。货币有其悠久的历史，我们上中学时就学过了。那么，货币是如何产生的？又是由谁来发行的？货币的发展经历了哪些阶段？我国货币发行情况是怎样的？这些正是本任务要学习的内容。

知识要点

一、货币的来源

货币作为一种特殊商品，它产生于原始社会与封建社会交替的时期。那时人们的劳动产品开始出现剩余，于是出现了产品的交换，商品便产生了。当直接的以物易物不能满足人们的需求时，充当中间媒介的商品便出现了。经过长时期的发展，这种媒介商品被逐渐固定在一种或几种商品上，这就是货币的雏形。又经过不断的发展，人们开始有意识地加工一些固定产品，作为交换的媒介商品，这实际上就是货币。早期的货币是甲骨、贝壳以及金银等贵金属；随着冶炼技术的提高，人们开始加工钢或其他金属作为货币，这种金属货币一直沿用至今；再往后，造纸的技术成熟了，人们终于有代替那些笨重金属的东西了，于是钞票开始出现。

1980年，美国某大学宣布，他们发现了一张据考证是公元84—87年的沙草纸，上面有文字，类似现在的支票，其中一张写道"请付500铜币在3年后的26日"。这显示了在公元1世纪这样的支付令已被使用。这可以说是钞票的雏形。

世界上第一张钞票是我国北宋时期的"交子"。由于它是当时政府发行的票券，与现代意义上的钞票有些差别。世界上公认的第一张银行票是1661年7月16日由瑞典的第一家银行——斯德哥尔摩银行发行的信用券，它的发明人帕尔姆斯·特鲁克被称为钞票的发明人。纸钞票自诞生后，从开始不被接受，到现在普遍使用，经过了几百年的发展。钞票已成为多学科、高技术的产物。

不用离开家，你就可以对各国的历史、文化有所了解，这可能是钞票的另一种功能，因为几乎所有国家的钞票都是以本国或地区的文化为主题。和集邮一样，收集钞票同样可以给你带来无穷的乐趣。

二、货币的名称

货币名称就像名字一样，是一种符号。目前，世界上所有的国家或地区的货币都有各自的名称。从不同的货币名称中，我们多少可以领略到一些不同民族、不同地域之间的传统文化差别，以及早期世界文化与势力范围的格局，还可以看出老牌帝国在全世界的势力范围。不同的名称中，使用最多的是"元"。有30多个国家或地区使用"元"，它们多集中在亚洲、美洲和大洋洲，多是第二次世界大战后建国或独立的国家。其次，有20多个国家使用"法郎"，除在欧洲的几个国家外，大部分集中在非洲，多数曾经是法国的殖民地或托管国。其他使用较多的名称还有"镑"，几乎都是英联邦国家或是过去英国的殖民地。海湾及地中海沿岸国家的钞票名称多是"第纳尔"。"卢比"是印度洋沿岸及岛国使用较多的货币名称，这都体现了地域文化的特征。另外，大约有50多个国家或地区使用单一的钞票名称，如"林吉特""福林""德拉克马"等，多是本地语言中的译音。

三、货币的发行者

货币最初的发行并不像现在这样规范，多数银行看到发行货币有利可图，也纷纷发行自己的货币。17世纪以后，随着银行日渐增多，市面上的货币种类也越来越多，使得在同一国家或地区有几十种甚至上千种不同的货币同时在市面上流通，这不仅使市场严重混乱，还使人们无法认识和使用如此之多的货币。为解决这个问题，早期采取的方法是国家用税收的方式，对发行钞票的银行收取高额的赋税，这有效地控制了各银行随意发行货币。以后，随着国家机器的强大，各国又通过立法的形式确定本国的法定货币，由中央银行或行使中央银行职能的银行发行，这就是现在货币发行的方式。目前，世界各国各地区绝大多数是由中央银行发行货币，如欧洲中央银行、英格兰银行、日本银行、中国人民银行等。有些是由专门的机构发行，如新加坡的货币发行局，还有一些是由指定的一家或几家商业银行发行，如中国香港的中国银行、汇丰银行、渣打银行。美国的货币是由联邦储备委员会以12家联邦储备银行的名义发行的，表面看是12家银行发行，但实际上还是一个。有些面额较小的主币或辅币是由政府发行的。

四、货币的流通

流通手段是货币的五大职能之一，货币的流通分为境内流通和境外流通。作为本币，在本国境内都有法定的流通地位，任何法人、个人均不得拒收本币（包括辅币）。但是，任何国家的货币被带出自己的国家，在境外通常被称作外币，是否可以流通、兑换则要考虑诸多因素。

一国货币能否在其他国家兑换，首先取决于该国的相关政策。世界各国和地区均对本国货币制定管理政策，根据各国和地区中央银行的货币政策，货币大致可分为自由兑换货币和非自由兑换货币，它是由对货币出入境的限制所决定的。

各国对本币出入境管理规定大约可以分为以下五种类型：

（1）自由出入境。这是指对本国货币的出入境无任何限制，大约有50多个国家或地区，这些货币从理论上讲都可以收兑。我国内地收兑的货币中，瑞士法郎、港币属于此类。

（2）出入境限额申报。有一些国家对现钞出入境虽然没有限制，但超过一定金额必须向海关申报。应反洗钱的要求，这类货币正在增加。我国收兑的钞票中，美元、欧元、加拿大元、英镑、澳大利亚元、日元、挪威克朗、菲律宾比索等货币属于此类。

（3）进境自由，出境有限制。这是指对本国货币出境有一定的限制、进境无限制。此类货币大约有20多种。这主要是外汇储备并不富裕的国家。在我国收兑的货币中，泰铢属于这一类。

（4）出入境均有限制。这一类货币大约有80多种，多属于外汇管制的国家。由于进境受到限制，所以收兑这类货币可能会有一定的麻烦，有些只能按托收方式处理。

（5）禁止出境。此类货币大约有30多种。由于这类钞票出境属于违法，因此各国一般都不会收兑。

以上五种类型中，前三种由于对货币的回流没有限制，属于自由兑换货币，后两种属于非自由兑换货币。但实际上大多数国家一般都根据本国的情况，选择收兑范围，因为即使是自由兑换钞票，在收兑中也可能会承担其他风险，如一国对外币管理政策的变化等，每个国家会根据国家之间的关系，以及自身贸易、旅游的情况，选择可以兑换的钞票。另一个影响货币兑换的因素就是兑换成本，由于钞票处理成本较高，各银行可能会选择兑换钞票。比如，不同面额的货币处理成本不同，在兑换货币的选择上也会不同，或者会有不同的兑换价格，因此，各国对小面额的货币会尽量少收兑，这主要是从成本角度考虑的。对于辅币，由于处理成本太高，大多数国家都不兑换，我国也在大约10年前停止了外币辅币的收兑。

各国货币的票面结构是根据人们在使用货币时的习惯而确定的，经过多年的经验积累，绝大多数国家都认同了1-2-5-10的票面结构，为了更简便，也有的直接选择1-5-10的结构，目前大约95%以上的国家货币都选择这样的结构；有少数国家选择1-25-5-10的结构，更少的国家选择了1-3的结构。

五、人民币基础认知

我国的法定货币是人民币。《中华人民共和国中国人民银行法》（以下简称《中国人民银行法》）第二章第十五条规定："中华人民共和国的法定货币是人民币。"人民币制度是一种纸币本位制。第一套人民币于1948年12月1日由中国人民银行开始发行，这标志着中国人民币制度开始建立。随着社会主义制度的建立和社会经济的不断发展，人民币制度逐步完善。1955年3月1日，中国人民银行开始发行第二套人民币；1963年4月15日，中国人民银行开始发行第三套人民币；1987年4月27日，中国人民银行开始发行第四套人民币；1999年10月1日，中国人民银行开始发行第五套人民币。

人民币的主币单位为"元"（人民币元，Ren Min Bi Yuan，简写"RMB"），人民币辅币单位为"角"和"分"，人民币简写符号为"￥"，人民币国际货币符号为"CNY"。人民币没有规定法定含金量，它执行价值尺度、流通手段、支付手段等职能。

课堂训练2-1

目前，市场上流通的人民币共有13种券别，分别为1分、2分、5分、1角、2角、5角、1元、2元、5元、10元、20元、50元、100元，形成主辅币三步进位制，即1元=10角=100分。人民币按照材料的自然属性，分为金属币（亦称硬币）、纸币（亦称钞票）两种，无论纸币、硬币均等价流通。目前，市场上流通的人民币以第五套为主。

人民币是一种信用货币。所谓信用货币制度，是指以不兑换黄金的信用货币——纸币为本位币的货币制度，就是国家用法律规定的形式，由中央银行发行不兑现的信用货币作为一国唯一合法通货的货币制度。

信用货币制度具有以下特点：

（1）流通中的货币都是信用货币，金银不再作为货币进入流通；

（2）信用货币由中央银行垄断发行，并由国家法律赋予无限法偿能力；

（3）信用货币的发行量不受黄金准备的限制，取决于货币管理当局实施货币政策的需要；

（4）信用货币都是通过银行信用程序投入流通领域的，通过银行信用的扩张或收缩可以调节货币流通量；

（5）中央银行对货币流通的调节日益成为国家对宏观经济调控的一个重要手段。

拓展阅读2-1 数字货币

一、数字货币的定义以及与电子货币、虚拟货币的区别

数字货币在我国是指数字化人民币，是一种法定加密数字货币，其本身是货币而不仅仅是支付工具。它与支付宝、微信支付具有本质上的不同。支付宝、微信支付和手机银行等其实都是电子货币，并非数字货币。这些都是基于电子账户实现的支付方式，本质上只是一种现有法定货币的信息化过程，还不是严格意义上的数字货币。

而且，它跟Q币、比特币相比也完全不同。平常所说的Q币、比特币，这些都属于虚拟货币，与数字货币相比最根本的区别在于发行者的不同。虚拟货币是非法币的电子化，发行者不是央行，而且也只能在特定的虚拟环境中流通，比如腾讯Q币以及其他的游戏币等；而数字货币可以被用于真实的商品和服务交易，但只有国家发行的数字货币才是法定数字货币，比特币是非法定数字货币。

二、数字货币的优势及发展趋势

相比于纸币，数字货币的优势明显，不仅能节省发行和流通所带来的成本，还能提高交易或投资的效率，提升经济交易活动的便利性和透明度。由央行发行数字货币还保证了金融政策的连贯性和货币政策的完整性，对货币交易安全也有保障。

2019年8月2日，央行在2019年下半年工作电视会议上表示，将加快推进法定数字货币的研发步伐。8月10日，央行支付结算司副司长穆长春在"中国金融四十人伊春论坛"上表示，"央行数字货币可以说是呼之欲出了"。8月18日，中共中央、国务院发布《关于支持深圳建设中国特色社会主义先行示范区的意见》，提到支持在深圳开展数字货币研究等创新应用。

2020年11月3日，《中共中央关于制定国民经济和社会发展第十四个五年规划和二〇三五年远景目标的建议》发布，其中强调要建设现代中央银行制度，完善货币供应调控机制，稳妥推进数字货币研发，健全市场化利率形成和传导机制。

虽然数字货币的发行方式目前仍在研究之中，但是纸币已被一些专业人士看成"上一代的货币"，被新技术、新产品取代是大势所趋。有人预测，数字货币和现金在相当长时间内都会是并行、逐步替代的关系。到数字货币时代真正到来时，人们身上带的现金会越来越少，旅行越来越安全，扶贫越来越精准，腐败越来越难以遁形，而小偷也越来越难当。

资料来源：佚名.数字货币发展进入新阶段 我国面临各方挑战[EB/OL]. [2021-04-10]. https://baijiahao.baidu.com/s?id=1696647361404060109&wfr=spider&for=pc.

实践训练

一、实训内容

以小组为单位讨论以下话题：

1.货币各种形态的演进有何内在规律？流通了几千年的金属货币被钞票和存款货

币所取代，为什么是历史的必然？

2.货币是不是最终要消亡？

3.就你在生活中的体验，说明货币的各种职能以及它们之间的关系。

二、实训目标

通过小组讨论，使学生较为深刻地认识货币这一经济范畴的本质和货币制度的演进。

三、实训考核

根据小组交流、互评和课堂汇报情况给予评分。

任务二　　　　　人民币真假鉴别

任务导入

假币的泛滥会造成国家经济的不稳定，甚至酿成经济和社会危机。制售假币，以非法手段剥夺和占有国民财富，干扰了货币流通的正常秩序，破坏了社会信用原则，侵蚀着国民经济的健康，成为社会经济生活中的毒瘤。金融机构营业人员每天都会接触大量的现钞，鉴别人民币的真假成为柜员的必备技能。

知识要点

一、人民币一般防伪措施

人民币集中体现了当前我国最先进的印刷技术，采用了印刷专业纸张、水印、凹印、安全性、对印、多条接线、磁性油墨等多重防伪措施。

1.纸质

印制人民币的纸张原料主要是棉纤维和高质量木浆，在造纸过程中不加荧光增白剂，在紫外光下无荧光反应，其特点是用料讲究，工艺特殊，预置水印。例如，第五套人民币的100元券、50元券、20元券、10元券，在票面上均可看到纸张中有红、蓝彩色纤维。

2.水印

水印是钞票纸在抄造过程中通过丝网的变化所形成的图案、文字，具有灰度清晰、层次分明、立体感强的特点。水印按其在票面的分布情况，分为固定水印、半固定位置连续水印和满版水印；按其透光性，分为多层次水印、白水印和黑水印。人民币的水印有固定水印、白水印和满版水印等。固定水印是指在钞票上某一固定位置的水印，迎光透视，立体感很强。白水印是一种迎光透视、透光性很强的图案。满版水印是指整张钞票上都散布有水印，如第三套人民币1元券、2元券、5元券（目前已停止流通）。

3.制版

人民币的制版除使用我国传统的手工制版外，还采用了多色套版印制钞票图纹的胶印和凹印接线技术，以及正背面图案高精度对印技术。对印技术是指钞券在印制过程中，正背面同一部位分别印有花纹或图案，迎光透视两面花纹或图案完全重合或互补，它是通过胶印一次印刷完成的，具有较强的防伪功能。例如，第五套人民币100元券、50元券正面上方图案，20元券正面右侧下方及背面图案，10元券正面上方胶印图案，多处印有胶印缩微文字。

4.油墨

印制人民币使用的是特殊配方油墨。使用这种油墨印制的多次套版人民币色泽鲜艳、色调协调、层次清晰，在大额人民币上还采用了无色荧光油墨、磁性油墨、光变油墨面额数字、隐性面额数字等主动防伪技术。

应用荧光油墨的钞票，在普通光下无任何反应，而在紫外光灯下，不同颜色的荧光油墨会有不同颜色的反光。荧光油墨分有色荧光油墨和无色荧光油墨。例如，1999年版、2005年版第五套人民币100元纸币的有色荧光油墨印刷是位于票面背面主景上方椭圆形图案中的红色线纹，在特定波长的紫外光下显现橘黄色荧光图案；1999年版、2005年版第五套人民币50元纸币的有色荧光油墨印刷图案是位于票面背面主景上、下胶印图纹中的黄绿色线纹，在特定波长的紫外光下显现黄色荧光图案；应用磁性油墨的钞票，使应用部分具有磁性，便于机器识别，应用光变油墨的钞票，具有这种油墨的部分，变换视角，颜色会发生变化。

5.印刷

人民币印刷采用了较为先进的凹版印刷技术，油墨厚，用手触摸有凹凸感，防伪性能强。例如，第四套人民币中1元券以上的主币及第五套现已发行的人民币，正面人像、行名、国徽、面额、花边、盲文等，背面拼音行名、主景、面额、少数民族文字、行长章等，均采用了凹版印刷技术。

6.安全线

安全线是在纸张的抄造过程中直接加入的，成为钞纸结构的组成部分。目前所用的安全线有不透明塑料线、荧光线、缩微印刷线。其种类可分为封闭式安全线和开窗式安全线两种。人民币使用了金属安全线、缩微文字安全线、开窗式安全线等防伪技术。开窗式安全线是指安全线一段一段地露于钞票的表面，看起来不连贯，但用荧光一照是连在一起的，组成一条完全的安全线。例如，1999年版第五套人民币10元券使用全息磁性开窗安全线，20元券使用明暗相间的安全线，50元券、100元券使用磁性缩微文字安全线，增加了人民币的主动防伪功能。

二、假人民币的类型

假人民币是指仿照真人民币纸张、图案、水印制作的伪币。假人民币包括伪造币和变造币两种。

1.伪造币

伪造币是指仿照真币的图案、形状、色彩等采用各种手段制作的假币。伪造币的种类主要有机制假币、拓印假币、彩色复印假币、手工描绘或手工刻版印制的假币、照相假币和铸造假币。

2.变造币

变造币是指在真币的基础上或以真币为基本材料，利用挖补、揭层、涂改、拼凑、移位、重印等多种方法制作，使其改变形态的假币。变造币主要有剪贴变造币和揭页变造币两种。

三、人民币的真假鉴别方法

真假钞票的鉴别方法主要有直观对比法、仪器识别法、特殊分析法三种。

（一）直观对比法

从对比的形式上，可以把直观对比法概括为眼看、手摸、耳听三种方法。

1.眼看

观察票面的外观颜色、水印、安全线、胶印缩微文字、有色纤维、隐形面额数字、对印图案、号码等。

一看水印。看钞票的水印是否清晰，有无层次和浮雕的效果。第五套人民币各券别纸币的固定水印位于票面正面左侧的空白处，迎光透视，可以看到立体感很强的水印。100元券、50元券的固定水印为毛泽东头像图案，月季花、水仙花花卉图案。

二看安全线。第五套人民币纸币在各券别票面正面中间偏左均有一条安全线。100元、50元纸币的安全线迎光透视，分别可以看到缩微文字"RMB100""RMB50"，仪器检测均有磁性；20元纸币迎光透视，是一条明暗相间的安全线；10元、5元纸币安全线为全息磁性开窗式安全线，即安全线局部埋入纸张中，局部裸露在纸面上，开窗部分分别可以看到由微缩字符"￥10""￥5"组成的全息图案，仪器检测有磁性。

三看光变油墨。第五套人民币100元券和50元券正面左下方的面额数字采用了光变油墨印刷。将垂直观察的票面倾斜到一定角度时，100元券的面额数字会由绿色变为蓝色，50元券的面额数字则会由金色变为绿色。

四看票面图案。看票面图案是否清晰，色彩是否鲜艳，对接图案是否可以对接上。第五套人民币纸币的阴阳互补对印图案应用于100元券、50元券和10元券中。这三种券别的正面左下方和背面右下方都印有一个圆形局部图案，迎光透视，两幅图案准确对接，组合成一个完整的古钱币图案。

五看凹印部位图案。看凹印部位图案是否均由点线构成。雕刻凹版印刷技术广泛应用于第五套人民币的毛泽东头像、中国人民银行行名、面额数字、盲文标记等处。其特点是图文线条精细、层次丰富、立体感很强，用手触摸有明显的凹凸感。

六用放大镜看。用5倍以上的放大镜观察票面，看图案线条、缩微文字是否清晰干净。真币的花纹、线条粗细均匀，图案清晰，色彩鲜艳，颜色协调，层次分明；而假币则线条凌乱，粗细不一，图案色彩层次暗淡不清，水印呆板、失真、模糊、无立体感。

第五套人民币纸币各券别正面胶印图案中，多处印有缩微文字，在各券别纸币背面也有该防伪措施。100元、50元券缩微文字分别为"RMB100""RMB50"。

2.手摸

用手触摸凹印人像、行名、大面额数字、盲文面额标记等，真钞线纹光洁，凹凸感明显。

一摸人像、盲文点、中国人民银行行名等处是否有凹凸感。第五套人民币纸币各券别正面主景均为毛泽东头像，采用手工雕刻凹版印刷工艺，形象逼真、传神，凹凸感强，易于识别。

二摸纸币是否薄厚适中，挺括度是否良好。

3.耳听

用手甩、弹、抖，使钞票纸发出声音，钞票专用纸张发出的声音清脆，与伪钞使用的民用纸张有明显不同。如手持钞票用力抖动、手指轻弹或两手一张一弛轻轻对称拉动，真钞能听到清脆响亮的声音，而假币由于制造设备落后，印刷的光洁度、挺括度都不如真币好，因此声音比较沉闷。

在直观对比法中，当用眼看、手摸、耳听等方法发现了可疑票币，但仍不能确定其真伪时，还可用票样与可疑票币局部图案、花纹对比，从纸质、墨色、印刷技术等方面进行对比或者用尺量，假币的长度和宽度通常小于真币。

用直观比较法识别人民币的真伪，也可通过对比真假人民币的主要特征来进行。

（二）仪器识别法

仪器识别法是指用5～10倍的放大镜观察缩微文字、接线、图案颜色；用专用验钞仪检测荧光纤维、荧光油墨的荧光反应；用磁性检测仪检测磁性号码、磁性安全线等部位的磁性特征。

（三）特殊分析法

特殊分析法是指通过专用设备分析纤维成分、油墨成分等方法鉴定钞票真伪。

四、第五套人民币2005年版100元券的鉴别

第五套人民币纸币采用了多种防伪技术，主要有：固定图案（人物、花卉）水印、磁性安全线、手工雕刻头像、隐形面额数字、胶印缩文字、光变油墨面额数字、阴阳互补对印图案、雕刻凹版印刷、双色异形横号码等等。

（一）票面特征

主色调为红色，票幅长155毫米，宽77毫米。票面正面主景为毛泽东头像、左侧为"中国人民银行"行名、阿拉伯数字"100"、面额"壹佰圆"和椭圆形花卉图案。票面左上角为中华人民共和国"国徽"图案，票面右下角为盲文面额标记。票面背面主景为"人民大会堂"图案，左侧为人民大会堂内圆柱图案。票面背面右上方为"中国人民银行"的汉字拼音字母和蒙、藏、维、壮四种民族文字的"中国人民银行"字样和面额。正面主景图案右侧为凹印手感线，左侧中间处为胶印对印图案；左下角为光变油墨面额数字和白水印面额数字，其上方为双色异形横号码。背面主景图案下方为面额数字和汉语拼音"YUAN"；右侧中间处为胶印对印图案；年号为"2005年"（具体见图2-1）。

课堂训练2-2

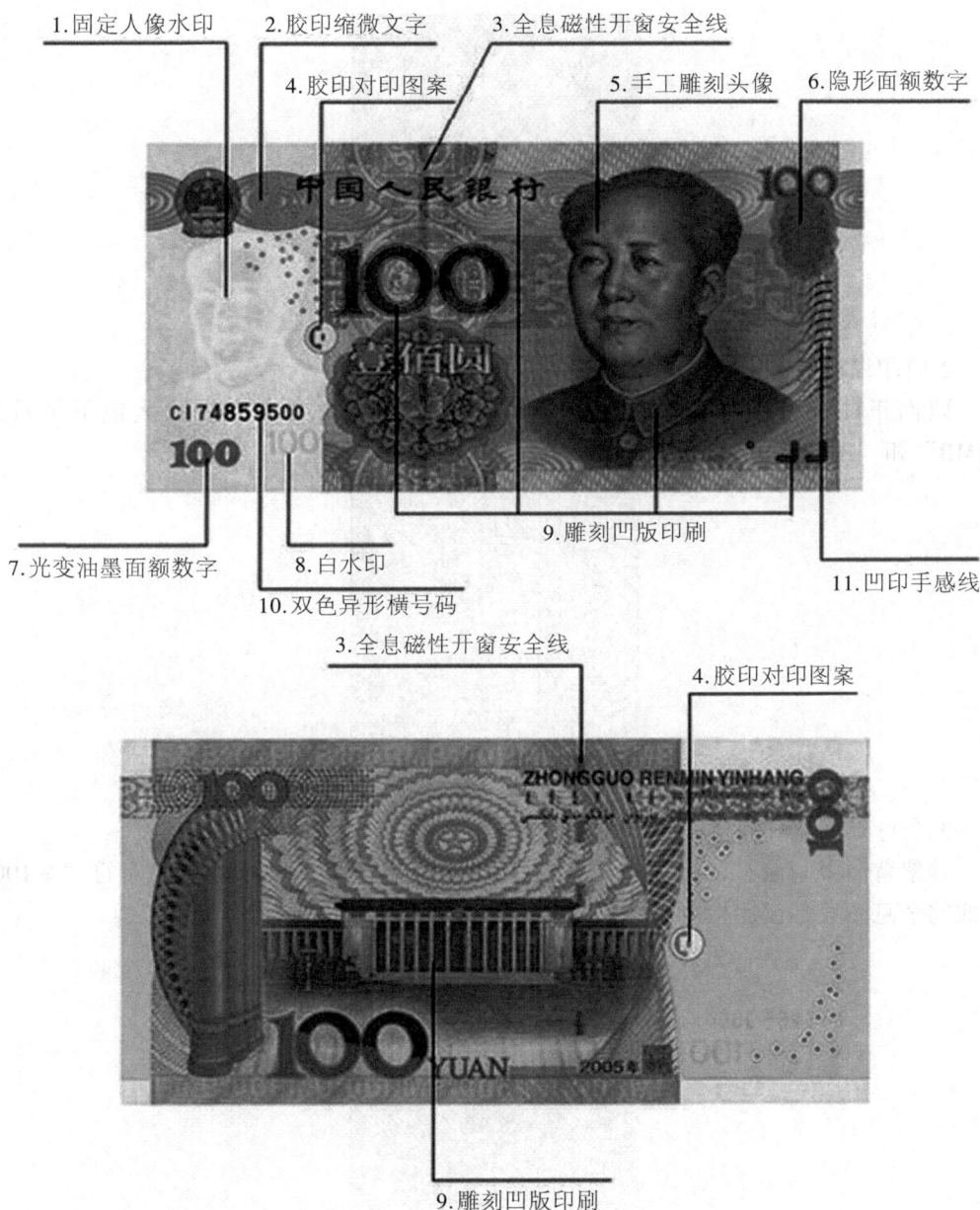

图 2-1　第五套人民币 2005 年版 100 元券的票面特征

（二）防伪特征

对照图 2-1，第五套人民币 2005 年版 100 元券的防伪特征如下：

1.固定人像水印

位于票面正面左侧空白处，迎光透视，可见与主景图像相同、立体感很强的毛泽东头像水印（见图 2-2）。

图2-2　固定人像水印

2.胶印缩微文字

票面正面上方椭圆形图案中，多处印有胶印缩微文字，在放大镜下可看到"RMB"和"RMB100"字样（见图2-3）。

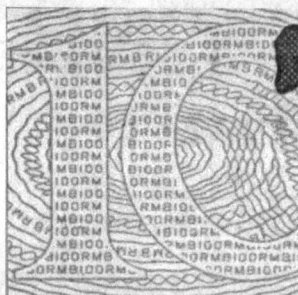

图2-3　胶印缩微文字

3.全息磁性开窗安全线

钞票背面中间偏右，有一条开窗安全线，开窗部分可以看到由缩微字符"￥100"组成的全息图案，仪器检测有磁性（见图2-4）。

图2-4　全息磁性开窗安全线

4.胶印对印图案

票面正面左侧中间处和背面右侧中间处均有一圆形局部图案，迎光观察，正背面图案重合并组合成一个完整的古钱币图案（见图2-5）。

图2-5　胶印对印图案

5.手工雕刻头像

票面正面主景毛泽东头像，采用手工雕刻凹版印刷工艺，形象逼真、传神，凹凸感强，易于识别（见图2-6）。

图2-6　手工雕刻头像

6.隐形面额数字

票面正面右上方有一装饰性图案，将票面置于与眼睛接近平行的位置，面对光源做上下倾斜晃动角，可以看到面额数字"100"字样（见图2-7）。

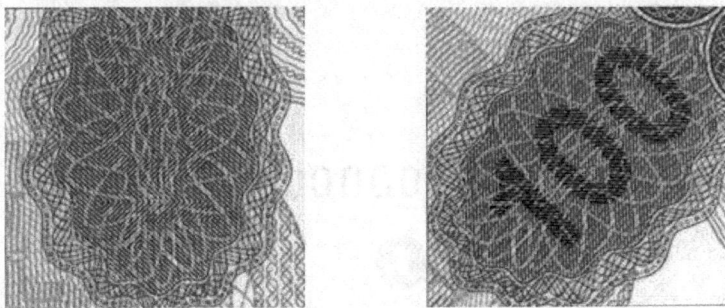

图2-7　隐形面额数字

7.光变油墨面额数字

票面正面左下角"100"字样，与票面垂直角度观察为绿色，倾斜一定角度则变为蓝色（见图2-8）。

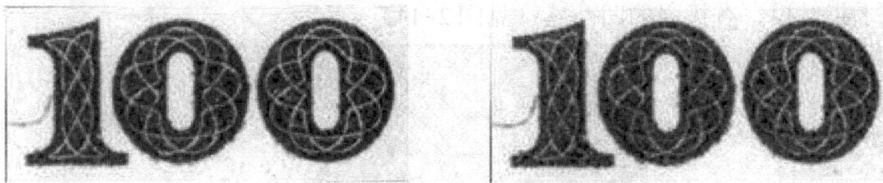

图2-8　光变油墨面额数字

8.白水印

位于正面双色异形横号码下方，迎光透视，可以看到透光性很强的水印"100"字样。

9.雕刻凹版印刷

票面正面主景毛泽东头像、中国人民银行行名、盲文及背面主景人民大会堂等均采用雕刻凹版印刷，用手指触摸有明显凹凸感（见图2-9）。

图2-9 雕刻凹版印刷

10.双色异形横号码

票面正面左下角印有双色异形横号码，左侧部分为暗红色，右侧部分为黑色。字符由中间向左右两边逐渐变小（见图2-10）。

图2-10 双色异形横号码

11.凹印手感线

正面主景图案右侧有一组自上而下规则排列的线纹，采用雕刻凹版印刷工艺印制，用手指触摸，有极强的凹凸感（见图2-11）。

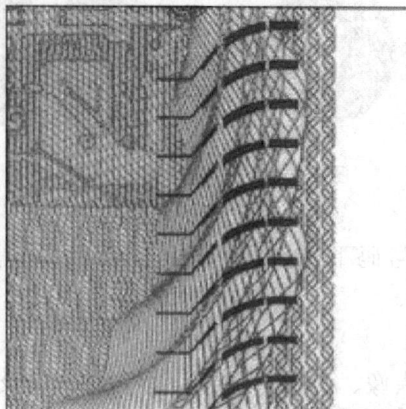

图2-11 凹印手感线

五、第五套人民币2015年版100元券的鉴别

央行于2015年11月12日起发行2015年版第五套人民币100元纸币。新版百元钞票与同面额流通人民币等值流通，其防伪性明显提升，因票面正面增加金色数字"100"，而被网友称作"土豪金版人民币"。

（一）2015年版人民币100元券防伪升级

2015年版人民币100元券在保持2005年版纸币规格、正背面主图案、主色调、"中国人民银行"行名、国徽、盲文和汉语拼音行名、民族文字等不变的前提下，对部分图案做了适当调整，对整体防伪性能进行了提升。

从正面图案来看，票面中部增加光变油墨面额数字"100"，其下方团花中央花卉图案调整为紫色；取消左下角光变油墨面额数字，调整为胶印对印图案，其上方为双色异形横号码；正面主景图案右侧增加光变镂空开窗安全线和竖号码；右上角面额数字由横排改为竖排，并对数字样式进行了调整。

从背面图案来看，票面年号改为"2015年"；取消了右侧全息磁性开窗安全线和右下角防复印图案；调整了面额数字样式、票面局部装饰图案色彩和胶印对印图案及其位置。

第五套人民币2015年版100元券的正面和背面分别见图2-12和图2-13。

图2-12　第五套人民币2015年版100元券正面图示

图2-13　第五套人民币2015年版100元券背面图示

　　为何此时要发行新版100元人民币？央行表示，2005年版第五套人民币100元纸币发行已有10年。这10年期间，一些不法分子不断利用新技术来伪造人民币，给公众识别带来了困难。为了更好地保护人民币持有人的利益，需要根据科学技术的发展，不断提高钞票的防伪技术和印制质量。

　　（二）2015年版人民币100元券的防伪特征

　　1.光变镂空开窗安全线

　　这条宽4毫米的安全线位于钞票正面右侧，相当显眼，当观察角度由直视变为斜视时，安全线颜色由品红色变为绿色；透光观察时，可见安全线中正反交替排列的镂空文字"￥100"（见图2-14）。

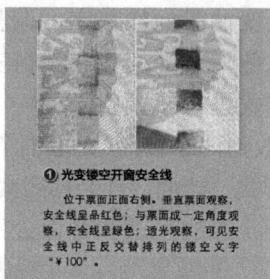

图2-14　防伪标识一：光变镂空开窗安全线

　　2.光彩光变数字

　　在钞票正面中部印有光彩光变数字"100"，垂直观察票面，数字"100"以金色为主；平视观察，数字"100"以绿色为主。随着观察角度的改变，数字"100"颜色在金色和绿色之间交替变化，并可见到一条亮光带在数字上下滚动（见图2-15）。

图2-15　防伪标识二：光彩光变数字

　　3.人像水印

　　人像水印位于钞票正面左侧空白处。透光观察，可见毛泽东头像（见图2-16）。

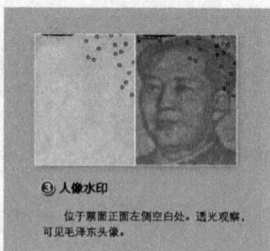

图2-16　防伪标识三：人像水印

4.胶印对印图案

在钞票正面左下方和背面右下方，两面都有数字"100"的局部图案。透光观察，正背面图案就可以组成一个完整的面额数字"100"（见图2-17）。

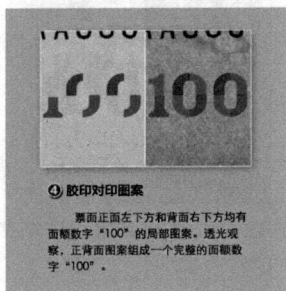

④胶印对印图案

票面正面左下方和背面右下方均有面额数字"100"的局部图案。透光观察，正背面图案组成一个完整的面额数字"100"。

图2-17　防伪标识四：胶印对印图案

5.横竖双号码

钞票正面左下方采用横号码，其冠字和前两位数字为暗红色，后六位数字为黑色，右侧竖号码为蓝色（见图2-18）。

⑤横竖双号码

票面正面左下方采用横号码，其冠字和前两位数字为暗红色，后六位数字为黑色；右侧竖号码为蓝色。

图2-18　防伪标识五：横竖双号码

6.白水印

白水印位于钞票正面横号码下方。透光观察，可以看到透光性很强的水印面额数字"100"（见图2-19）。

⑥白水印

位于票面正面横号码下方。透光观察，可以看到透光性很强的水印面额数字"100"。

图2-19　防伪标识六：白水印

7.雕刻凹印

钞票正面毛泽东头像、国徽、"中国人民银行"行名、右上角面额数字、盲文及背面人民大会堂等均采用雕刻凹印印刷，用手指触摸有明显的凹凸感（见图2-20）。

图 2-20 防伪标识七: 雕刻凹印

工匠风采

大国工匠: 他们是人民币印制背后的功臣!

在中国印钞造币总公司技术中心, 有这样一个团队, 他们设计雕刻了中国正在使用的第五套人民币的原版。正是这种独特的设计和雕刻, 构成了人民币上那些核心的防伪技术。那么第五套人民币有哪些防伪技术? 又是怎样设计和雕刻出来的呢?

孔维云是中国印钞造币总公司技术中心设计雕刻室主任, 著名的人民币雕版大师。第五套人民币印刷的原版设计版样就诞生在他的工作室里。

孔维云团队的雕刻师们每天的工作就是一把刻刀、一块钢板, 所有的创作、所有的构思, 都是用刀在钢板上一下一下地呈现出来的。一捆捆的人民币虽然是印刷品, 但是内含了很多高科技防伪措施, 也正是这些防伪手段, 让普通印刷厂无法印制。可以说, 第五套人民币纸币的核心技术和防伪技术, 就掌握在他们的手上。这些防伪手段的最终实现, 得益于孔维云的团队人员独特的凹版雕刻技术。

其实雕刻师是拿着雕刻刀在钢版上进行雕刻, 这个钢版再软, 也是比较硬的, 雕刻刀本身要磨得很锋利, 磨得很尖, 这样在刻的时候, 才不至于跑刀。用雕刻刀在刻的时候, 一定要心静。凹版雕刻有一个特点, 不允许出现任何偏差, 如果中间任何一个点或一条线刻坏了, 之前的努力就都白费了, 必须推倒重来。雕刻专业难度非常高, 培养一个合格的雕刻师, 至少需要十年时间。要想有所成就, 首先要有一颗耐得住寂寞的匠心。

孔维云和他的团队成员仍然在忙碌着, 他们正在做的, 是对未来人民币的思考。在外人看来, 他们的工作神圣而又神秘, 但真实雕刻大师们每天做的, 就是一点一线地雕刻。而正是由于这种静下心来的创作, 由于这种严肃、认真的工匠精神, 才有了经得起全国人民检验的人民币的无暇与完美。

资料来源: CCTV4走遍中国栏目组.大国工匠: 他们是人民币印制背后的功臣! [EB/OL]. (2017-05-15).http://static.nfapp.southcn.com/content/201705/25/c445146.html.经过改编。

启示:

高等职业教育是培养工匠精神的关键期, 通过案例让学生领悟工匠精神的内涵, 更好地理解何为工匠精神, 潜移默化地影响学生的人生观、世界观, 形成严谨负责、精益求精的职业态度，为未来社会发展培养大批具有工匠精神的技能型人才。

实践训练

一、实训内容

以小组为单位完成以下任务：

1.准备第五套人民币2005年版100元券、50元券各一张，分别找到100元券、50元券的10个鉴别特征。

2.比较2015年版100元券与2005年版100元券，分析2015年版100元券的升级措施。

二、实训目标

通过实践活动，使学生较为深刻地掌握人民币真假鉴别方法。

三、实训考核

根据小组交流、互评和课堂汇报情况给予评分。

任务三　　　　　　发现假币的处理

任务导入

发现假币的处理是一项政策性、技术性很强的工作。假币是指伪造、变造的货币。金融机构在办理业务时发现假币时该如何处理呢？假币能退还给客户吗？假币收缴后该如何保管呢？什么情况下需要报告给公安机关呢？这些正是本任务要学习的内容。

知识要点

一、相关规定

2000年5月1日起施行的《中华人民共和国人民币管理条例》（以下简称《人民币管理条例》）对如何处理假币做出了规定。

《人民币管理条例》明确了有权没收假币的行政机关，根据其第三十二条规定，中国人民银行、公安机关发现伪造、变造的人民币，应当予以没收，加盖"假币"字样的戳记，并登记造册；持有人对公安机关没收的人民币的真伪有异议的，可以向中国人民银行申请鉴定。公安机关应当将没收的伪造、变造的人民币解缴当地中国人民银行。

《人民币管理条例》第三十三条规定，办理人民币存取款业务的金融机构发现伪造、变造的人民币，数量较多、有新版的伪造人民币或者有其他制造贩卖伪造、变造的人民币线索的，应当立即报告公安机关；数量较少的，由该金融机构两名以上工作人员当面予以收缴，加盖"假币"字样的戳记，登记造册，向持有人出具中国人民银行统一印制的收缴凭证，并告知持有人可以向中国人民银行或者向中国人民银行授权的国有独资商业银行的业务机构申请鉴定。对伪造、变造的人民币收缴及鉴定的具体办法，由中国人民银行制定。办理人民币存取款业务的金融机构应当将收缴的伪造、变造的人民币解缴当地中国人民银行。

金融机构是指商业银行、城乡信用社、邮政储蓄的业务机构。

中国人民银行授权的鉴定机构是指具有货币真伪鉴定技术与条件，并经中国人民银行授权的商业银行业务机构。

中国人民银行及其分支机构对假币收缴、鉴定实施监督管理，由中国人民银行负责解释。

二、反假币处理流程

营业机构临柜人员发现可疑币时，应在持有人视线范围内，由两名及以上持有"反假货币上岗资格证书"的业务人员鉴别真伪，经鉴别为假币的应当面予以收缴。

注：办理假币收缴的业务人员应向假币持有人出示"反假货币上岗资格证书"。

（一）告知、盖章

营业机构临柜人员发现假币时应立即告知假币持有人（交存现金的单位和个人），并由两名柜员当面鉴定无误后，在假人民币纸币的正面水印窗处竖向加盖蓝色油墨的"假币"戳记，在背面正中位置横向加盖蓝色油墨的"假币"戳记。加盖的"假币"戳记要清晰、完整。对假外币纸币及各种硬币，应当面装入统一格式的"收缴假币专用封装袋"，在封口处加盖蓝色油墨的"假币"戳记，并在专用袋上标明币种、券别、面额、张（枚）数、冠字号码、收缴人、复核人名章等细项。严禁在假外币纸币上加盖"假币"戳记。

（二）开具凭证

收缴假币的营业机构经办人员应在持有人视线范围内，填写中国人民银行统一格式的《假币收缴凭证》（以下简称《凭证》）。《凭证》的各项要素应清楚、完整，具体包括：

（1）编号，是由使用营业机构自行编制的流水号；

（2）币种，填写人民币或可兑换外币名称（如人民币、美元、日元等）；

（3）券别，填写假币的面额（如￥100.00、￥50.00等）；

（4）版别，填写被收缴假币的年号（以人民币100元为例，分为1999年版、1998年版、2005年版，具体视实际收缴实物为准）；

（5）假币来源，填写持有人假币的来源；

（6）制作方法，指假币的伪造和变造方法，包括机制、复印、拓印、挖补、手工绘制等。

（三）登记、保管

营业机构应对收缴的假币实物进行单独管理，建立假币收缴代保管登记簿，并于每季末上缴中国人民银行当地分支行。

（四）告知权利

营业机构应告知持有人具有以下权利：《凭证》是持有人主张权利的依据，若持有人对被收缴货币的真伪存有异议，可以自收缴之日起3个工作日内持该《凭证》直接或通过收缴单位向中国人民银行当地分支机构或中国人民银行授权的当地鉴定机构提出书面鉴定申请。持有人对假币收缴的程序有异议，可在收到《凭证》之日起60个工作日内持该《凭证》到直接监管的中国人民银行分支机构申请复议，或依法提起行政诉讼。

课堂训练2-3

（五）假币报告制度

金融机构在办理假币收缴业务过程中遇到以下情况，应立即报告上级会计部门、当地公安机关和中国人民银行当地分支机构：一次性发现假人民币20张（枚）及以上的；一次性发现假外币10张（枚）及以上的；属于利用新的造假手段制造的假币或新版假币的；有制造贩卖假币线索的；假币持有人不配合收缴行为的；若中国人民银行有另行要求的按其要求执行。

对收缴的人民币纸币经鉴定为真币的，网点应从鉴定机构取回并按面额兑换完整券退还持有人，同时收回持有人的《凭证》，盖有假币印章的人民币纸币按损伤人民币处理；对收缴的人民币纸币经鉴定为假币而被鉴定机构没收的，各网点应向鉴定机构取得《货币真伪鉴定书》和"假人民币没收收据"。

对发现的变造币应按程序收缴，不得予以兑换。

营业机构工作人员可向持有人讲解假币特征和相关的法律规定，在任何情况下，都不得让持有人再接触到被收缴的假币。

三、假币实物登记、保管及解缴

营业机构应严格假币实物管理，防止盖有"假币"印章的假币再次流入社会；如有发现，应予以收缴并立即上缴中国人民银行当地分支机构，同时对造成假币再流通的相关人员按规定进行处罚。

各营业机构应建立手工"假币收缴代保管登记簿"并妥善保管，登记簿以《凭证》为记载依据，记载原则为：

（1）按收缴顺序逐笔、分版别和券别及时登记，不得隔日登记；

（2）假币实物发生增减必须登记，做到账实相符；

（3）臆造币应单独登记（臆造币不纳入统计金额）；

（4）各营业机构不得以自行建立的电子登记簿等形式替代"假币收缴代保管登记簿"。

营业机构对收缴的假币实物应单独入库（柜、箱）管理，"假币收缴代保管登记簿"和假币实物应双人分管，做到每日账实相符。

按中国人民银行规定的时间和要求，统一将收缴的假币解缴到中国人民银行当地分支机构。

上缴假币实物时，应填制一式三联的"假币解缴清单"，连同假币实物双人解缴到中国人民银行。"假币解缴清单"的填写要求如下：

（1）假人民币按版别分别填写，各版别的假人民币不得填写在同一张"假币解缴清单"上；

（2）假外币按币种分别填写，不同币种的假外币不得填写在同一张"假币解缴清单"上；

（3）假人民币和假外币不得填写在同一张"假币解缴清单"上。

营业机构监控录像资料保存期应在60个工作日内，对已经使用过的《凭证》应定期进行装订保管，档案保管期限为5年。

假币收缴基本流程图见图2-21。

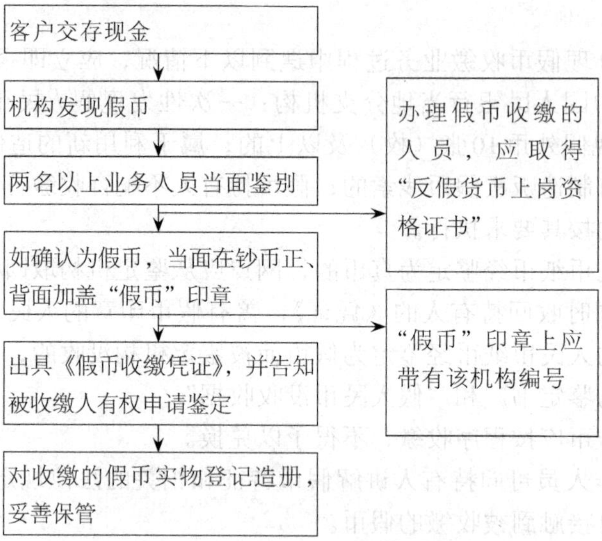

图2-21　假币收缴基本流程图

小知识2-1

《中华人民共和国刑法》规定，伪造货币的，处3年以上10年以下有期徒刑，并处5万元以上50万元以下罚金。有下列情形之一的，处10年以上有期徒刑、无期徒刑或者死刑，并处5万元以上50万元以下罚金或者没收财产：伪造货币集团的首要分子；伪造货币数额特别巨大的；有其他特别严重情节的。明知是伪造的货币而持有、使用，数额特大的，处3年以下有期徒刑或者拘役，并处或者单处1万元以上10万元以下罚金；数额特大的，处3年以上10年以下有期徒刑，并处2万元以上20万元以下罚金；数额特别巨大的，处10年以上有期徒刑，并处5万元以上50万元以下罚金或者没收财产。变造货币，数额较大的，处3年以下有期徒刑或者拘役，并处或者单处1万元以上10万元以下罚金；数额巨大的，处3年以上10年以下有期徒刑，并处2万元以上20万元以下罚金。

实践训练

一、实训内容

以小组为单位完成以下任务：

1.结合本任务的内容，制作商业银行柜台反假币电子宣传材料，要求结合图片材料，字数在1 000字左右。

2.利用周末时间，到商业银行参观反假币宣传展板，了解银行反假币工作的具体内容。

二、实训目标

通过实践活动，使学生熟悉商业银行反假币工作的制度规范和处理流程。

三、实训考核

根据宣传材料完成情况给予评分。

任务四　　　　残缺、污损人民币的处理

任务导入

当钞票在日常使用的过程中已经毁坏一部分，一般在市面上是不能使用的。那么，持有这种钞票的人是否就有很大的损失呢？银行是否应该接受兑换呢？如果可以兑换，银行工作人员应该按照什么标准进行兑换？兑换的规定是怎样的？毁坏人民币是犯法的吗？这些正是本任务要学习的内容。

知识要点

为维护人民币信誉，保护国家财产安全和人民币持有人的合法权益，确保人民币正常流通，根据《中国人民银行法》和《人民币管理条例》，中国人民银行制定了《中国人民银行残缺污损人民币兑换办法》，并于2004年2月实施。本办法对残缺、污损人民币的概念及兑换办法等进行了详细的规定。

一、什么是残缺、污损人民币

残缺、污损等不宜流通的人民币由金融机构进行挑剔之后缴存到中国人民银行，中国人民银行再进行清点和销毁处理，并以新钞来代替它，保持社会上流通人民币的整洁度，维护国家人民币的形象。

（一）残缺、污损人民币的概念

残缺、污损人民币是指票面撕裂、损缺，或因自然磨损、侵蚀，外观、质地受损，颜色变化，图案不清晰，防伪特征受损，不宜再继续流通使用的人民币。

（二）特殊残缺、污损人民币

特殊残缺、污损人民币是指票面因火灾、虫蛀、鼠咬、霉烂等特殊原因，造成外观、质地、防伪特征受损，纸张炭化、变形，图案不清晰，不宜再继续流通使用的人民币。

特殊残缺、污损人民币剩余面积是指票面图案、文字、纸张能按原样连接的实物面积，包括与票面原样连接的炭化、变形部分。不能按原样连接的部分，不作为票面剩余面积计算。

二、残缺、污损人民币挑剔标准

根据相关金融行业标准的规定，下列货币不再在市场流通，各金融机构应该做好兑换、挑剔与回收工作：

1.纸币票面缺少面积在20平方毫米以上的。

2.纸币票面裂口2处以上，长度每处超过5毫米的；裂口1处，长度超过10毫米的。

3.纸币票面有纸质较绵软，起皱较明显，脱色、变色、变形，不能保持其票面防伪功能等情形之一的。

4.纸币票面污渍、涂写字迹面积超过2平方厘米的；不超过2平方厘米，但遮盖了防伪特征之一的。

5.硬币有穿孔，裂口，变形，磨损，氧化，文字、面额数字、图案模糊不清等情形之一的。

课堂训练2-4

三、残缺、污损人民币如何正确兑换

自2004年2月1日起，中国人民银行对残缺人民币实行新的兑换办法。《中国人民银行残缺污损人民币兑换办法》规定，残缺、污损人民币兑换分"全额""半额"两种情况：

1.能辨别面额，票面剩余3/4（含3/4）以上，其图案、文字能按原样连接的残缺、污损人民币，金融机构应向持有人按原面额全额兑换。

2.能辨别面额，票面剩余1/2（含1/2）至3/4以下，其图案、文字能按原样连接的残缺、污损人民币，金融机构应向持有人按原面额的一半兑换。

3.纸币呈正十字形缺少1/4的，按原面额的一半兑换。

4.兑换残缺、污损人民币，要求票面至少剩余1/2，少于1/2则无法兑换。

新办法做出了"纸币呈正十字形缺少1/4的，只能兑换半额"的新规定。另外，取消对原来因遭火灾、虫蛀、鼠咬、霉烂等特殊原因形成的残缺、污损人民币的兑换标准的单独规定。

四、银行机构有责任无偿兑换

根据规定，凡办理人民币存取款业务的金融机构应无偿为公众兑换残缺、污损人民币，不得拒绝兑换。因此，如果有需要，可以到任何一家商业银行营业网点进行兑换。如遇到拒绝兑换的情况，可向中国人民银行投诉。

在办理残缺、污损人民币兑换业务时，金融机构应向残缺、污损人民币的持有人说明认定的兑换结果，并出具认定证明；不予兑换的残缺、污损人民币，应退回持有人。如持有人对金融机构认定的兑换结果有异议，持有人可凭金融机构的认定证明到中国人民银行申请鉴定。中国人民银行方面将在申请日起5个工作日内做出鉴定并出具鉴定书。持有人可持中国人民银行的鉴定书及可兑换的残缺污损人民币到金融机构进行兑换。

残缺、污损人民币多是由于使用和保管不善造成的，有的纸币在潮湿处发生霉变，有的遇到酸性物质，有的在家中被老鼠啃咬等等，因此，在使用过程中要妥善保管纸币，延长其寿命。

五、不得故意损坏人民币

现实中，有人企图利用人民币兑换规则，通过故意毁坏人民币牟利。这种做法是违法的，还可能导致无法兑换。根据《中国人民银行残缺污损人民币兑换办法》的规定，可以兑换的人民币仅限于票面撕裂、损缺，或因自然磨损、侵蚀，外观、质地受损，颜色变化，图案不清晰，防伪特征受损，不宜再继续流通使用的人民币。

根据《人民币管理条例》《中国人民银行法》的规定，故意毁损人民币的，由公安机关给予警告，并处1万元以下的罚款。

六、渐进式替换旧版钞票

2015年版第五套人民币100元纸币于2015年11月12日起发行。2015年版第五套人民币100元纸币发行之后，原来的100元纸币仍然可以继续流通，人民银行将及时回收市场上的残损人民币来不断提高人民币的整洁度，同时也逐步地替换旧版的100元纸币，使新版的100元纸币能更好地发挥防伪技术的作用。最终市场上都应该替换成目前通用的2015年版的第五套人民币100元纸币，但是这是一个渐进的过程。

拓展阅读2-2   揭秘残币的去向：银行回收的破损人民币去哪儿了？

不少居民在拿到新版"土豪金"人民币时，也有一个疑问，那些残破的旧版人民币在被银行回收后，都去了哪儿？

一、残币再生成生活用纸

残币废料变成纸浆需要经过脱墨处理，所谓脱墨就是要清除残币上的图案和文字，而钞票的脱墨比一般废纸更难，因为钞票的湿强度很高。残币脱去了颜色变成白色的纸片，之后再经过解离等几道程序后，纸片中的纤维被分离出来，残币就变成了白色纸浆。由于人民币的原料主要是棉花，所以这些残币在经过处理变成纸浆后，它的吸水性和柔韧性会更强，更适合制成生活用纸。APEC会议上曾用过的一种会议纸就是用人民币残币制作出来的。

二、残币再生废物养鱼饵

在残币循环再生产的过程中，除了能制成再生纸，也会产生一些"垃圾"，也就是污泥。这些污泥被用来养蚯蚓，蚯蚓可用作钓鱼的饵料。

由于残币污泥里面没有太多的有害物质，它的主要成分是细小纤维等有机物，所以它含有丰富的有机质，而蚯蚓恰恰喜欢吃这种有机质，所以这些污泥就成为饲养蚯蚓的主要原料。别小瞧这些污泥，市场价格每吨是200元，一年下来，能带来很高的经济效益。

三、残币焚烧发电

每年原值上千亿元的残损人民币在发电厂被焚烧发电，一吨发电1 000千瓦，够一个家庭用10个月。残钞废料焚烧后的灰烬还可以做成建筑用砖，在建筑领域继续发挥作用。

资料来源：佚名. 银行回收的破损人民币去哪儿了？[EB/OL]. (2015-03-20). http://www.

实践训练

一、实训内容

以小组为单位完成以下任务：

找出若干张 A4 纸，裁成 8 种缺失的形状（票面剩余 1/2 及以上），模拟残缺、污损人民币。根据《中国人民银行残缺污损人民币兑换办法》的规定，分别进行兑换认定。

二、实训目标

通过实践活动，使学生较好地掌握残缺、污损人民币的正确兑换知识。

三、实训考核

根据小组交流、互评和课堂汇报情况给予评分。

任务五　　外币的真假鉴别

任务导入

外币是外国货币的简称，是指本国货币以外的其他国家或地区的货币。它常用于企业因贸易、投资等经济活动引起的对外结算业务。现在，中国老百姓家中有外汇的越来越多，外币的真假鉴别成为金融机构临柜人员必须掌握的技能。那么，外币的防伪特征是什么？外币鉴别的要点有哪些？这些正是本任务要学习的内容。

知识要点

一、外币的票面特征

(一)美元纸币的票面特征

美元是国际印钞界公认的设计特征变化最少的钞票之一。美元虽经多次改版，但不同版别的钞票变化并不大，只是防伪功能得到不断加强。美元纸币票面尺寸不论面额和版别均为 156 毫米×66 毫米，正面主景图案色调为黑色，背面的主景图案为建筑，主色调为绿色，但不同版别的颜色略有差异，如 1934 年版背面为深绿色，1950 年版背面为草绿色，1963 年版及以后各版均为墨绿色。

(二)欧元纸币的票面特征

欧元纸币是由奥地利中央银行的 Robert Kalina 设计的，主题是"欧洲的时代与风格"，描述了欧洲悠久的文化历史中 7 个时期的建筑风格，其中还包含了一系列的防伪特征和各个成员方的代表特色。在纸币的正面图案中，窗户和拱门象征着欧洲的开放和合作。12 颗星代表的不是成员国数字，而是完美的象征，体现着当代欧洲的活力和融洽。纸币背面图案中，描述了 7 个不同时代的欧洲桥梁和欧洲地图，寓意欧盟各国及欧盟与全世界的紧密合作和交流。7 种不同券别的纸币以不同的颜色为主色调，规格也随面值的增大而增大。

欧元纸币的主要特征有：（1）用拉丁文和希腊文标明的货币名称；（2）用5种不同语言文字的缩写形式注明的"欧洲中央银行"的名称；（3）版权保护标识符号；（4）欧洲中央银行行长签名；（5）欧盟旗帜。

（三）日元纸币的票面特征

日元纸币正面文字全部使用汉字（由左至右排列），上方均印有"日本银行券"字样；背面则有用拉丁文拼写的行名"NIPPON CINKO"（日本银行）、货币单位名称"YEN"（圆）字样。日元的各种钞票均无发行日期，发行单位负责人是使用印章的形式，即票面印有红色"总裁之印"和"发券局长"图章各一个。为方便盲人，日元纸币都设有盲文标记。

二、外币的防伪特性

（一）美元纸币的防伪特性

1.专用纸张：美元纸币的纸张主要是由棉、麻纤维抄造而成，纸张坚韧、挺括，在紫外线下无荧光反应。

2.固定人像水印：1996年版美元纸张加入了与票面人物头像图案相同的水印。

3.红、蓝彩色纤维：从1885年版起，美钞纸张加入了红、蓝彩色纤维丝。从1885年版到1928年版美钞的红、蓝彩色纤维是采用定向施放，即红、蓝纤维丝分布在钞票的正中间，由上至下形成两条狭长条带。1929年版以后各版中的红、蓝彩色纤维丝则随机分布在整张钞票中。

4.文字安全线：从1990年版起，50美元至100美元各面额纸币中加入了一条全埋文字安全线。安全线上印有"USA"及阿拉伯或英文单词面额数字字样。1996年版50美元、20美元安全线上还增加了美国国旗图案。1996年版美元的安全线还是荧光安全线，在紫外光下呈现出不同的颜色，100美元、50美元、20美元、10美元、5美元安全线分别为红、黄、绿、棕和蓝色。

5.雕刻凹版印刷：美元正背面的人像、建筑、边框及面额数字等均采用雕刻凹版印刷，用手触摸有明显的凹凸感。1996年版美元的人像加大，形象也更生动。

6.凸版印刷：美元纸币上的库印和冠字号码是采用凸版印刷的，在钞票背面的相应部位用手触摸有凹凸感。

7.细线印刷：1996年版美元在正面人像的背景和背面建筑的背景采用细线设计，该设计有很强的防复印效果。

8.凹印缩微文字：从1990年版起，在美元人像边缘增加一条由凹印缩微文字组织的环线，缩微文字为"THE UNITED STATES OF AMERICA"。1996年版的100美元和20美元还分别在正面左下角面额数字中增加了"USA100"和"USA20"字样的缩微文字，50美元则在正面两侧花边中增加"FIFTY"字样的缩微文字。

9.冠字号码：美元纸币正面均印有两组横号码，颜色为翠绿色。1996年版以前的美元冠字号码由一位冠字、8位数字和一个后缀字母组成。1996年版美元增加了一位冠字，用以代表年号。

10.光变面额数字：1996年版100美元、50美元、20美元、10美元正面左下角面额数字是用光变油墨印刷的，在与票面垂直角度观察时呈绿色，将钞票倾斜一定角度则变为黑色。

11.磁性油墨：美元正面凹印油墨带有磁性，用磁性检测仪可检出磁性。

50美元券防伪特征见图2-22。

图2-22　50美元券防伪特征示意图

（二）欧元纸币的防伪特征

1.水印：欧元纸币均采用了双水印，即与每一票面主景图案相同的门窗图案水印及面额数字白水印。

2.安全线：欧元纸币采用了全埋黑色安全线，安全线上有欧元名称（EURO）和面额数字。

3.对印图案：欧元纸币正背面左上角的不规则图形正好互补成面额数字，对接准确，无错位。

4.凹版印刷：欧元纸币正面的面额数字、门窗图案、欧洲中央银行缩写及200欧元、500欧元的盲文标记均是采用雕刻凹版印刷的，摸起来有明显的凹凸感。

5.珠光油墨印刷图案：5欧元、10欧元、20欧元背面中间用珠光油墨印刷了一个条带，不同角度下可出现不同的颜色，而且可看到欧元符号和面额数字。

6.全息标识：5欧元、10欧元、20欧元正面右边贴有全息薄膜条，变换角度观察可以看到明亮的欧元符号和面额数字；50欧元、100欧元、200欧元、500欧元正面的右下角贴有全息薄膜块，变换角度可看到明亮的主景图案和面额数字。

7.光变面额数字：50欧元、100欧元、200欧元、500欧元背面右下角的面额数字是用光变油墨印刷的，将钞票倾斜一定角度，颜色由紫色变为橄榄绿色。

8.无色荧光纤维：在紫外光下，可以看到欧元纸张中有明亮的红、蓝、绿三色无色荧光纤维。

9.有色荧光纤维印刷图案：在紫外光下，欧盟旗帜和欧洲中央银行行长签名的蓝色油墨变为绿色；12颗星由黄色变为橙色；背面的地图和桥梁则全变为黄色。

10.凹印缩微文字：欧元纸币正背面均印有缩微文字，在放大镜下观察，缩微文字线条饱满且清晰。

2002年版500欧元防伪特征图解见图2-23。

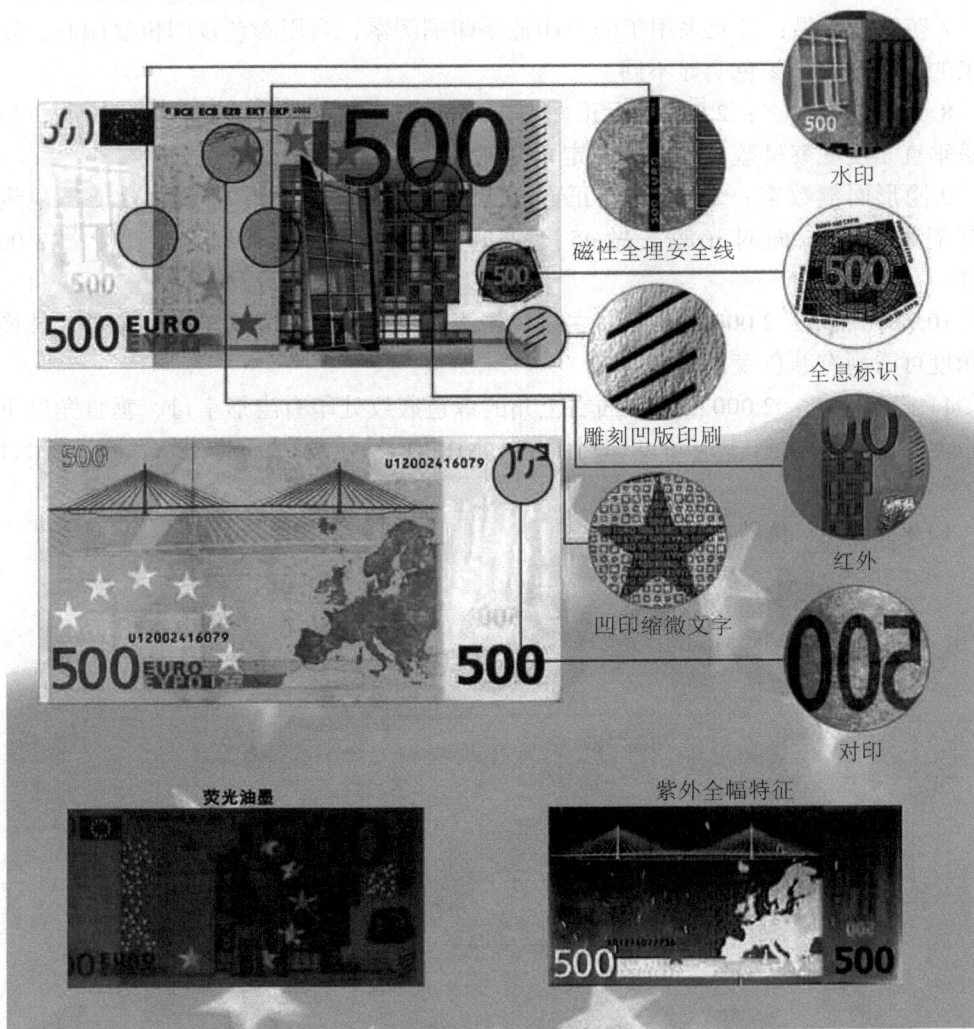

图2-23 2002年版500欧元防伪特征图解

（三）日元的防伪特征

1.专用纸张：日元纸张呈淡黄色，含有日本特有植物三桠皮纤维，纸张有非常高的韧性和挺度。

2.水印：日元的水印图案与正面主景图案相同，由于采用了特殊工艺，故水印的清晰度非常高。

3.雕刻凹版印刷：日元正背主景、行名、面额数字等均是采用雕刻凹版印刷的，图案线条精细、层次丰富，用手触摸有明显的凹凸感。

4.凹印缩微文字：日元正背面多处印有"NIPPON GINKO"字样的缩微文字。

5.盲文标记：日元的盲文标记由圆圈组成，用手触摸有明显的凸起，透光观察也清晰可见。

6.磁性油墨：日元正背面凹印部位的油墨是带有磁性的，可用磁性检测仪测出磁信号。

7.防复印油墨：日元采用了防复印油墨印刷图案，当用彩色复印机复印时，复印出来的颜色与原券颜色明显不同。

8.光变面额数字：2 000日元正面右上角的面额数字是用光变油墨印刷的，与票面呈垂直角度观察呈蓝色，倾斜一定角度则变为紫色。

9.隐形面额数字：2 000日元正面左下角有一装饰图案，将票面置于与视线接近平行的位置，面对光源，做45度或90度的旋转，可看到面额数字"2 000"字样。

10.珠光油墨：2 000日元正面左右两侧边采用珠光油墨印刷了一条条带，转换钞票角度可看到有颜色变化。

11.隐形字母：2 000日元背面右上角的绿色底纹处印有隐形字母，垂直角度下无法看到，将票面倾斜一定角度即可看到"NIPPON"字样，且前3个字母呈蓝绿色，后3个字母呈黄色。

10 000日元防伪特征见图2-24。

图2-24　10　000日元防伪特征示意图

三、美元、欧元和日元纸币的真伪识别方法

（一）美元纸币的真伪识别方法

1.看

首先，看票面的颜色。美元真钞正面主色调为深黑色，背面为墨绿色（1963年版及以后版），冠字号码和库印为翠绿色，并都带有柔润光泽；假钞颜色相对不够纯正，色泽也较暗淡。

其次，看票面图案、线条的印刷效果。美元真钞票面图案均是由点、线组成，线条清晰、光洁（有些线条有轻微的滋墨现象，属正常），图案层次即人物表情丰富，人物目光有神；假钞票线条发虚，发花，有丢点、线的情况，图案缺乏层次，人物表情呆滞，眼睛无神。

再次，看光变面额数字。1996年版10美元以上真钞均采用光变面额数字，变换观察角度，可看到由绿变黑；假钞或者没有变色效果，或者变色效果不够明显，颜色较真钞也有差异。

最后，透光看纸张、水印和安全线。美元纸张有正方形的网纹，纹路清晰，纸中有不规则分布的彩色纤维；自1996年版起美元纸张加入了与票面人物头像相同的水印，水印层次丰富，有较强的立体感；自1990年版起5美元以上面额纸币中加入了文字安全线，线条光洁，线上文字清晰。美元假钞纸张上或者没有网纹，或者网纹比较凌乱；水印图案缺乏层次和立体感；安全线上文字线条粗细不匀，字体变形。

2.摸

一是摸纸张。美元真钞纸张挺括、光滑度适宜，有较好的韧性；而假钞纸张相对绵软，挺度较差，有的偏薄，有的偏厚，光滑度有的较高，有的较低。

二是摸凹印手感。美元真钞正背面主景图案及边框等均采用凹版印刷，手摸有明显的凹凸感；假钞有的采用平版胶印，无凹印手感，即使采用凹版印刷，其版纹也比真钞要浅，凹印手感与真钞相比仍有一定的差距。

3.听

用手抖动或者用手指弹动纸张，美元真钞会发出清脆的声响，假钞声响则较为沉闷。

4.测

一是用放大镜观察凹印缩微文字。从1990年版起，5美元以上面额纸币加印了凹印缩微文字，在放大镜下观察，文字清晰可辨；假钞的缩微文字则较为模糊。

二是用磁性检测仪检测磁性。美元真钞的黑色凹印油墨含有磁性材料，用磁性检测仪可检测出磁性；假钞或者没有磁性，或者磁性强度与真钞有差别。

三是用紫外光照射票面。美元真钞纸张无荧光反应，假钞有明显的荧光反应；1996年版美元安全线会有明亮的荧光反应，假钞安全线有的无荧光反应，有的即使有荧光反应，但亮度较暗，颜色也不正。

（二）欧元纸币的真伪识别方法

1.看

一是迎光透视，主要观察水印、安全线和对印图案。二是晃动观察，主要观察全息标识，观察5欧元、10欧元、20欧元背面珠光油墨印刷条状标记，以及50欧元、

100欧元、200欧元、500欧元背面右下角的光变油墨面额数字。

2.摸

一是摸纸张。欧元纸币纸张薄、挺度好，摸起来不滑、密实，在水印部位可以感到有厚薄变化。二是摸凹印图案。欧元纸币正面的面额数字、门窗图案、欧洲中央银行缩写及200欧元、500欧元的盲文标记均是采用雕刻凹版印刷的，摸起来有明显的凹凸感。

3.测

用紫外灯和放大镜等仪器检测欧元纸币的专业防伪特征。在紫外光下，欧元纸张无荧光反应，同时可以看到纸张中有红、蓝、绿三色荧光纤维；欧盟旗帜和欧洲中央银行行长签名的蓝色油墨变为绿色；12颗星由黄色变为橙色；背面的地图和桥梁则全变为黄色。欧元纸币正背面均印有缩微文字，在放大镜下观察，真币上的缩微文字线条饱满且清晰。

（三）日元纸币的真伪识别方法

1.看

日元真钞纸张为淡黄色，水印是黑白水印，层次清楚；盲文标记类似水印，迎光透视清晰，手感明显；假钞没有盲文标记或很不清楚，也没有凸感。1993年版日元正背面均增加了缩微印刷文字，在放大镜下清晰可见。

2.摸

日元真钞正面凹印的人像套印在浅色底纹线上，人像清楚自然。假钞人像是平版印刷，底纹线条不清楚，油墨浓淡也不均匀，手摸光滑。真钞大写面额数字笔画系细砂纹构成，手感凸起。

3.测

日元真钞正背面凹印部位的油墨带有磁性。印刷采用防复印油墨。1993年版日元正面"总裁之印"印章改以荧光油墨印刷，在紫外灯下印章发亮。

拓展阅读2-3　一部生动的新中国社会发展史——五套人民币图案中的历史变迁

中华人民共和国从1948年12月1日到1999年10月1日先后发行了五套人民币。每套人民币上的图案都有不同的变化，把五套人民币按发行顺序的先后排列，无疑是一部生动的浓缩版的新中国政治、经济、文化的发展史。面对这些图案，我们似乎尚能看到中华人民共和国半个多世纪以来所经历的风风雨雨，似乎尚能听到中华人民共和国前进过程中有些沉重却又鼓舞人心的脚步声。

第一套人民币发行于1948年12月1日，当时正处于中华人民共和国建立的前夜，为了统一各解放区的货币，为中华人民共和国的建立奠定经济基础，在河北石家庄成立了中国人民银行，同时开始发行第一套人民币。当时经历了多年的战火，社会需要休养生息，人民需要安居乐业，因此恢复和发展社会生产成为新生的人民政权的第一要务。反映在第一套人民币票面的图案上，基本都是奔驰的火车、远航的轮船、雄伟的工厂、辽阔的田野，或者是正在车间、田间辛勤劳作的工人和农民。这些图案为人们描绘了一幅新社会生产发展、生活安定、百业兴旺的美好景象，自然而然地激发起人民对于新社会的向往和热爱。第一套人民币伍万元券见图2-25。

图2-25　第一套人民币伍万元券

第二套人民币于1955年3月1日发行，全套11种，其票面图案鲜明体现了当时的时代特色：汽车、飞机、轮船。

第三套人民币于1962年4月20日发行，此时我们国家经历了连续三年的自然灾害，中国共产党开始坚持实事求是，社会主义建设重新回到正确的轨道。第三套人民币票面图案有：纺织车间、女拖拉机手、车床工人、炼钢工人、青年学生走出校园参加生产劳动、人民代表步出人民大会堂以及武汉长江大桥。第三套人民币1角、2角、5角券见图2-26。

图2-26　第三套人民币1角、2角、5角券

1987年，在经历了10年的改革开放之后，我们对于社会主义革命和建设有了更为深刻的认识，对于共产党及其领袖有了更为全面的认识。1987年4月份发行的第四套人民币的图案上清楚地反映了这一点，正面的图案全部是人物头像。100元券的正面是新中国四位主要领导人毛泽东、刘少奇、周恩来、朱德的侧面头像，反映了我国人民已经走出阴影，在深深缅怀党和国家创始人的同时，表达了对党领导中国革命和建设的光辉历史的充分肯定。

第五套人民币发行于1999年10月1日，当时恰逢新中国成立50周年。50年来，特别是改革开放20年来，我国国民经济持续、快速、健康发展，经济发展速度在世界上位居前列，各项社会事业不断取得进步，国际地位显著提高，香港顺利回归，澳门也即将回归祖国，统一祖国的大业正阔步向前迈进。中华民族在融入世界民族之林的过程中，比以往任何时候更具自信心。

资料来源：根据《浦发银行柜面业务汇编手册》整理。

实践训练

一、实训内容

通过当地提供货币兑换服务的商业银行网点，兑换美元、欧元和日元的纸币，并依据外币实物，以小组为单位讨论分析三种外币的主要防伪特征。

二、实训目标

通过实践活动，使学生较好地掌握外币鉴别的基础知识。

三、实训考核

根据小组交流、互评和课堂汇报情况给予评分。

思维拓展2-1

分析提示2-1

1.说起央行数字货币，大家可能都有所耳闻，说到底央行数字货币是以现实人民币为基础的，不是凭空制造的一种货币，两者只是存在形式上的不同，前者是电子数据，后者是人民币纸钞。那么，央行数字货币与支付宝、微信有什么区别呢？

要求：请同学们以小组为单位进行讨论，然后每个小组选一个代表做总结汇报。

2.李某是一位年过古稀的独居老人，辛苦工作了一辈子，最终攒下了20万元人民币，打算作为养老的生活费。在一次购物中，李某偶然接触到北京某国际文化传播有限公司的工作人员，听说收藏人民币可以升值并能获得高额利润，就动了心思。在该公司工作人员的推销下，李某购买了第四套人民币"国之瑰宝"吉祥号四套和第五套人民币"纸币瑰宝"吉祥号大全一套，总共花费了172 000元人民币。

分析提示2-2

购买后，满心欢喜的李某到银行询问人民币藏品的价值，结果却出乎老人的意料。原来，李某购买的第四套人民币、第五套人民币属于流通中的人民币，依照《人民币管理条例》，流通中的人民币禁止交易。在沟通无果的情况下，李某向北京市通州区人民法院起诉。

那么，人民币可以收藏吗？

要求：请同学们以小组为单位进行讨论，然后每个小组选一个代表做总结汇报。

项目考核

一、不定项选择题

1.以下是一张50元人民币样币，下列选项中对图片上标号④的防伪特征名称描述正确的是（　　　　）。

A.面额数字　　　　　　　　　　　B.光变油墨面额数字

C.凹印手感线　　　　　　　　　　D.盲文点

2.鉴别人民币纸币的方法之一是手摸，2005年版第五套人民币100元表面文字及主要图案有凹凸感，这种凹凸感产生于（　　　　）印刷方式。

A.普通胶印　　　B.雕刻凹版　　　C.凸版印刷　　　D.丝网印刷

3.在第五套人民币的纸张中，加入的无色荧光纤维在特定波长的紫外光下呈现（　　　　）。

A.红色和蓝色　　　B.蓝色和绿色　　　C.蓝色和黄色　　　D.红色和黄色

4.第五套人民币20元及以下面额纸币的水印为（　　　　）。

A.固定人像水印　　　　　　　　　B.固定花卉水印

C.半固定花卉水印　　　　　　　　D.满版花卉水印

5.特殊残缺、污损人民币持有人对金融机构认定的兑换结果有异议的，经持有人要求，金融机构应（　　　　）。

A.出具认定证明

B.退回特殊残缺、污损人民币

C.出具认定证明并退回特殊残缺、污损人民币

D.不作回应

6.2005年版第五套人民币100元的冠字号码是（　　　　）。

A.双横号码　　　　　　　　　　B.双色异型横号码

C.双色异型竖号码　　　　　　　D.横竖双号码

7.杨先生到某银行办理美元存款业务，储蓄柜员小王在为其办理业务时发现11张10元面值的美元假币，小王与一名同事在该假币的正面水印窗及背面中间位置加盖了假币印章，向杨先生出具了"假人民币没收收据"。以下有关上述案例中，说法正确的是（　　）。

A.小王在发现11张假外币的情况下，未向当地公安机关报案

B.小王发现假外币不应当面加盖"假币"字样的戳记，应放入统一的专用袋加封

C.小王应向客户开具《假币收缴凭证》

D.小王没有向客户履行告知程序

8.2014年7月3日，银行现金柜员小周在为一客户办理1 000元人民币存款时，先用点钞机点了一遍，没有异常，随后又手工清点了一遍，发现其中1张100元人民币是假币，他当即让同事过来复核。经两人鉴别认定这是一张假币，小周将其再次放入点钞机，这张假币通过点钞机而不报警，随后两人将假币收缴，填制《假币收缴凭证》，然后将《假币收缴凭证》交给顾客签字，后将假币实物和《假币收缴凭证》单独保管。小周办理完这笔现金存款后，又开始办理下一笔业务，直至营业终了。上述案例中，该金融机构操作违反规定的有（　　）。

A.未告知持币人如对被收缴的货币真伪有异议，可以在3个工作日内向中国人民银行当地分支机构或中国人民银行授权的当地鉴定机构申请鉴定

B.各商业银行使用的现钞处理设备如遇特殊情况要及时进行测试升级，对不能识别假币的设备，要督促生产厂家尽快进行升级，不能升级的停止使用

C.各商业银行使用的现钞处理设备如遇特殊情况要及时进行测试升级，测试升级情况要有书面记录，以备查阅

D.以上选项都不对

9.10月20日，一客户持一张假币到某银行网点，声称所持假币来自该网点的存取款一体机，一口咬定是其10月12日在该网点存取款一体机所提取的2万元现金中夹带的，要求更换。以下该营业网点的处理正确的是（　　）。

A.该网点负有告知客户通过冠字号码查询功能判别假币是否由其付出的义务

B.客户申请超过时效，该网点不予受理查询申请

C.该网点一旦受理查询申请，应在3个工作日内办理

D.该网点当面告知查询人应备齐的相关材料，不得无故拒绝受理查询申请

10.一次性收缴假币数量较多时，下列表述正确的是（　　）。

A.一张假币收缴凭证最多只能填写5张假币，一次性收缴假币数量多于5张时，应重新开具《假币收缴凭证》

B.一次性收缴假币数量较多时，不必逐张开具《假币收缴凭证》，可以分组填写，一张凭证为一组，但每组内假币的版别、券别和面额必须相同

C.一次性收缴假币数量较多，假币版别、券别和面额相同，且冠字号码重号或连号，可以填写在一张凭证上

D.金融机构一次收缴持有人同一面额两张或两张以上假人民币，如冠字号码前6位不一致，应按照不同的冠字号码分类填写假币收缴凭证；如冠字号码前6位相同，则视为同一冠字号码，合并张数、面额后，填写《假币收缴凭证》

11.人民币纸币票面裂口2处以上，长度每处超过（　　）毫米以上的不宜流通。

A.3　　　　　　B.4　　　　　　C.5　　　　　　D.6

12.纸币票面有纸质较绵软，起皱较明显（　　），不能保持其票面渠道防伪功能等情形之一的，应退出流通支付。

A.脱色　　　　B.变色　　　　C.变形　　　　D.只收不付纸币

13.（　　）对残缺、污损人民币的兑换工作实施监督管理。

A.中国人民银行　　　　　　　　B.中国人民银行指定的金融机构
C.中国银行保险监督管理委员会　　D.国务院

14.纸币呈正十字形，票面缺少（　　）的，按原面额的一半兑换。

A.1/2　　　　　B.1/3　　　　　C.1/4　　　　　D.1/5

二、问答题

1.我国目前共发行了几套人民币？其中发行版别最多的是第几套人民币？流通时间最长的是第几套人民币？

2.《人民币管理条例》所禁止的损害人民币的行为有哪些？

3.哪些机构有权没收、收缴假币？

4.2015年版第五套人民币100元纸币与2005年版第五套人民币100元纸币有什么区别？

5.人民币印钞纸由什么原料制成？与普通印刷纸相比有什么不同？

6.柜员小赵收到一张拼合在一起的100元人民币，发现右半部是假的，左半部是真的，应该怎么办？

7.2017年5月10日，某银行国际业务部小肖在为一顾客办理美元存款时，发现一张100美元假币，当即在钞票正、背两面加盖假币印章，填制中国人民银行统一印制的中英文对照版《假币收缴凭证》，同时叫来储蓄主管复核签章，然后将《假币收缴凭证》交顾客签字，并告知了顾客享有的权利。请问该案例中的操作是否违反假币收缴程序？为什么？

8.2017年10月9日，某货币真伪鉴定机构工作人员小陈接到林女士电话，要求鉴定其于9月30日被某银行收缴的一张100元假币，小刘将假币券别、张数、冠字号码、收缴机构等做了详细的记录。10月13日（10月11日、12日为双休日）小刘出差回来后通知收缴单位送达待鉴定货币，并于当日按规定程序进行了鉴定。请问该案例中的操作是否违反规定？

9.陈先生到某银行存款，储蓄柜台工作人员小孙发现其中有1张50元纸币像是假币，她马上叫来储蓄主管。两人经过仔细辨别，确认这张50元纸币是从未见过的假币种类，于是当着陈先生的面盖上假币印章，并开具了《假币收缴凭证》，盖好章后，将凭证交给陈先生签字并告知了其权利。陈先生虽予以配合，但仍不服气，又递上一张 50 元纸币要求换出假币去中国人民银行鉴定。小孙和储蓄主管商量片刻，确认递进来的是真币后，将假币交给了陈先生。请问该案例中的操作是否违反假币收缴程序？为什么？

10. 某张 2005 年版第五套人民币 100 元纸币正面左下角"100"字样被墨水渍遮盖，该墨水渍面积约为 1 平方厘米。请问该纸币是否适宜流通？请简述理由。

11. 残缺、污损人民币持有人对金融机构认定的兑换结果有异议的应该怎么办？

12. 在交通事故中，车主看到汽车漆被人蹭坏，在接受对方赔款时觉得太少，因而将所赔款的人民币纸币当场撕毁，结果受到公安机关 9 000 元的罚款。请问公安机关的处罚是否正确？其处罚依据是什么？

三、实训题

小李大学毕业后，于 2020 年 7 月 3 日到某银行求职，并顺利被录用为储蓄柜员。7 月 4 日，小李刚上班就办理了张先生的存款业务。对假币略有所知的小李发现其中有一张 100 元人民币像是假币，她将这张人民币交给储蓄主管。储蓄主管将这张 100 元纸币拿到二楼办公室，和同事仔细辨别后，确认是假币，于是盖上假币印章，并开具了《假币收缴凭证》，然后回到柜台将《假币收缴凭证》交给张先生，张先生悻悻离去。请问这个案例中的操作是否违反假币收缴程序？请模拟柜员进行正确的处理。

项目评价表

内　　容		评　价		
学习目标	评价项目	3	2	1
职业能力	熟悉人民币、外币的一般防伪特征	1.人民币防伪特征			
		2.外币防伪特征			
	掌握人工与机器鉴别真假人民币、美元、欧元、日元的方法	1.人工鉴别真假人民币			
		2.人工鉴别真假美元、欧元、日元			
	掌握假币处理、残损人民币的挑剔与兑换	1.掌握假币处理			
		2.掌握残损人民币的挑剔与兑换			
通用能力	组织能力				
	沟通能力				
	解决问题的能力				
	自我提高的能力				
	创新能力				
综合评价				

等级说明：

3——能高质、高效地完成此学习目标的全部内容，并能解决遇到的特殊问题；

2——能高质、高效地完成此学习目标的全部内容；

1——能圆满完成此学习目标的全部内容，无需任何帮助和指导。

评价说明：

优秀——达到3级水平；

良好——达到2级水平；

合格——全部任务都达到1级水平；

不合格——不能达到1级水平。

项目三
字符录入

知识目标：

1. 掌握键盘的正确使用方法和正确的键入指法。
2. 认识五笔字根，掌握五笔字根及其在键盘上的排列。
3. 掌握五笔输入法的编码规则。
4. 学习键面汉字、成字字根的输入方法。
5. 要求学生掌握一级简码、二级简码、三级简码以及全码的输入方法。
6. 掌握词组的输入方法。
7. 要求学生掌握用文字编辑软件进行大篇幅文字录入的方法。

技能目标：

1. 培养学生良好的坐姿及击键习惯，激发学生主动参与打字训练的兴趣。掌握正确姿势，明确手指分工，熟悉键位分布，利用打字训练软件提高学生指法操作的正确率。按正确的击键方法完成打字操作。

2. 学生需要熟记五笔字根表，能够在打字练习软件中盲打出对应的字根，进行大量的拆字练习，掌握五笔拆字的正确方法。

3. 学生要能熟练利用五笔字型的输入规则快速输入汉字，提高打字效率。

4. 能利用"记事本"、Word、打字练习软件等，熟练地使用五笔输入法进行文章的输入，逐渐实现盲打，真正掌握五笔输入法。

素养目标：

1. 通过字符推广中国文化，弘扬中国精神，渗透中国智慧。通过"春雨润物细无声"的方式，掌握中国汉字的知识，了解汉语文化的魅力。

2. 树立文化自信。了解汉字是世界最古老的文字之一，是中国文化的重要载体，是中华民族在历史长河中生生不息、兴旺繁衍的标志，是中华民族的根。

3. 培养学生追求细节、精益求精的工匠精神。

任务一　　　　　　　　键盘基本操作和指法

任务导入

电脑键盘有100多个按键，每个键都有什么功能？我们每个人只有10个手指，如何才能熟练、快速地操作电脑键盘？认识键盘、掌握键盘的正确使用方法，正是本任务要掌握的内容。

知识要点

键盘是用于操作设备运行的一种指令和数据输入装置，也指经过系统安排操作一台机器或设备的一组功能键。键盘是最常用也是最主要的输入设备，通过键盘可以将英文字母、数字、标点符号等输入计算机中，从而向计算机发出命令、输入数据等。字符录入离不开对电脑键盘的熟悉掌握和熟练操作，本任务将对电脑键盘结构以及正确使用电脑键盘进行详细的讲解。

一、认识键盘

键盘是电脑的输入设备，通过键盘，可以向电脑输入信息，包括指令、数据和程序。键盘是由一组矩阵方式的按键开关组成的。根据按键的原理不同，键盘可分为触点式按键和电容式按键；根据按键的多少，有83键、101键、102键、104键键盘之分。我们通常把普遍使用的101键键盘称为标准键盘。现在常用的键盘在101键的基础上增加了3个用于Windows的操作键。有的键盘还增加了【Wake】唤醒按钮、【Sleep】转入睡眠按钮、【Power】电源管理按钮。

键盘主要分为主键盘区、功能键区、编辑键区、数字键区和其他功能区（也叫状态指示灯区）5个分区，见图3-1。

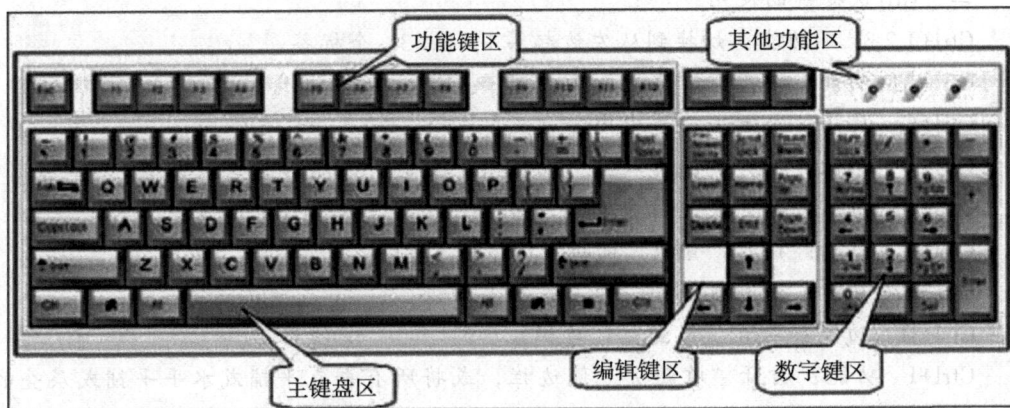

图3-1　键盘功能区

主键盘区——位于键盘的左部，各键上标有英文字母、数字和符号等，共计62个键，其中包括3个Windows操作用键。主键盘区分为字母键、数字键、符号键和控制键。该区是我们操作电脑时使用频率最高的区域。

功能键区——主要分布在键盘的最上排，从【F1】到【F12】。在不同的软件中，可以对功能键进行定义，或者是配合其他键进行定义，以起到不同的作用。

编辑键区——位于主键盘区的右边，由13个键组成。在文字的编辑中有着特殊的控制功能。

数字键区——位于键盘的最右边，又称小键盘区。该键区兼有数字键和编辑键的功能。

其他功能区（状态指示灯区）——该区有3个指示灯，主要用于提示键盘的工作状态。其中，【Num Lock】灯亮时表示可以使用小键盘区输入数字；【Caps Lock】灯亮时表示按字母键时输入的是大写字母；【Scroll Lock】灯亮时表示屏幕被锁定。

小知识 3-1

掌握一些电脑快捷键的使用小技巧，可以让键盘上某一个或某几个键的组合完成一条功能命令，从而达到降低操作电脑耗时、提高电脑操作速度的目的。善用快捷键除了可以更快捷地使用电脑，也是由新手变高手的蜕变。以下介绍几种常用的快捷键使用技巧：

一、F1～F12功能键的功能

F1　显示当前程序或者Windows的帮助内容。

F2　当你选中一个文件并按F2，可以"重命名"。

F3　当你在桌面上的时候是打开"查找：所有文件"对话框。

F10或ALT　激活当前程序的菜单栏。

F11　所打开的网页（退出）全屏。

F12　将编辑好的Excel或Word文档"另存为"。

二、Ctrl快捷键的使用

Ctrl+1,2,3...　功能：切换到从左边起第1，2，3...个标签。

Ctrl+A　功能：全部选中当前页面内容。

Ctrl+C　功能：复制当前选中内容。

Ctrl+D　功能：打开"添加收藏"面板（把当前页面添加到收藏夹中）。

Ctrl+E　功能：打开或关闭"搜索"侧边栏（各种搜索引擎可选）。

Ctrl+F　功能：打开"查找"面板。

Ctrl+G　功能：打开或关闭"简易收集"面板。

Ctrl+H　功能：打开"历史"侧边栏。

Ctrl+I　功能：打开"收藏夹"侧边栏，或将所有垂直平铺或水平平铺或层叠的窗口恢复。

Ctrl+K　功能：关闭除当前和锁定标签外的所有标签。

Ctrl+L　功能：打开"打开"面板（可以在当前页面打开Internet地址或其他文件）。

Ctrl+N　功能：新建一个空白窗口（可更改,Maxthon选项→标签→新建）。

Ctrl+O　功能：打开"打开"面板（可以在当前页面打开Internet地址或其他文件）。

Ctrl+P　功能：打开"打印"面板（可以打印网页,图片等）。

Ctrl+Q　功能：打开"添加到过滤列表"面板（将当前页面地址发送到过滤列表）。

Ctrl+R　功能：刷新当前页面。

Ctrl+S　功能：打开"保存网页"面板（可以将当前页面所有内容保存下来）。

Ctrl+T　功能：垂直平铺所有窗口。

Ctrl+V　功能：粘贴当前剪贴板内的内容。

Ctrl+W　功能：关闭当前标签（窗口）。

Ctrl+X　功能：剪切当前选中内容（一般只用于文本操作）。

Ctrl+Y　功能：重做刚才动作（一般只用于文本操作）。

Ctrl+Z　功能：撤销刚才动作（一般只用于文本操作）。

Ctrl+F4　功能：关闭当前标签（窗口）。

Ctrl+F5　功能：刷新当前页面。

Ctrl+F6　功能：按页面打开的先后时间顺序向前切换标签（窗口）。

Ctrl+F11　功能：隐藏或显示菜单栏。

Ctrl+Tab　功能：以小菜单方式向下切换标签（窗口）。

Ctrl+拖曳　功能：保存该链接的地址或已选中的文本或指定的图片到一个文件夹中（保存目录可更改, Maxthon选项→保存）。

Ctrl+小键盘"+"　功能：当前页面放大20%。

Ctrl+小键盘"－"　功能：当前页面缩小20%。

Ctrl+小键盘"*"　功能：恢复当前页面的缩放为原始大小。

Ctrl+Alt+S　功能：自动保存当前页面所有内容到指定文件夹（保存路径可更改,Maxthon选项→保存）。

Ctrl+Shift+小键盘"+"　功能：所有页面放大20%。

Ctrl+Shift+小键盘"－"　功能：所有页面缩小20%。

Ctrl+Shift+F　功能：输入焦点移到搜索栏。

Ctrl+Shift+G　功能：关闭"简易收集"面板。

Ctrl+Shift+H　功能：打开并激活到已设置的主页。

Ctrl+Shift+N　功能：在新窗口中打开剪贴板中的地址,如果剪贴板中为文字,则调用搜索引擎搜索该文字（搜索引擎可选择,Maxthon选项→搜索）。

Ctrl+Shift+S　功能：打开"保存网页"面板（可以将当前页面所有内容保存下来,等同于Ctrl+S)。

Ctrl+Shift+W　功能：关闭除锁定标签外的全部标签（窗口）。

Ctrl+Shift+F6　功能：按页面打开的先后时间顺序向后切换标签（窗口）。

Ctrl+Shift+Tab　功能：以小菜单方式向上切换标签（窗口）。

三、自然键盘的快捷使用方法

【窗口】显示或隐藏"开始"菜单。

【窗口】+F1帮助。

【窗口】+D显示桌面。

【窗口】+R打开"运行"。

【窗口】+E打开"我的电脑"。

【窗口】+F搜索文件或文件夹。

【窗口】+U打开"工具管理器"。

【窗口】+BREAK显示"系统属性"。

【窗口】+TAB在打开的项目之间切换。

资料来源：佚名.电脑快捷键使用大全〔EB/OL〕.〔2018-01-03〕.http://www.360doc.com/wn-teny/18101031114129574182_71868359.shtml.

二、操作键盘

（一）操作键盘的正确姿势

（1）上半身以腰部为轴心，应挺直脊梁，让颈部保持直立，使头部获得足够的支撑，两肩自然下垂，上臂贴近身体，手肘弯曲至90度，在操作键盘或鼠标的时候，尽量使手腕与桌面保持水平（将鼠标手垫放在手腕下方垫着，可以使手腕更舒适，预防"鼠标手"的产生）。

（2）选择符合人体工学设计的专用电脑桌、电脑椅，人坐在上面要保持"三个直角"：膝盖处形成第一个直角，大腿和后背形成第二个直角，手肘形成第三个直角，腰部和背部要贴近有支撑作用的椅背上，手臂自然下垂，将手肘放在扶手上。

（3）两旁的文件应与显示器屏幕并排，双眼平视显示器中间的位置，与显示器保持60厘米的距离，显示器屏幕上所显示的第一排字最好位于视线下约3厘米的地方，让眼睛形成微微向下注视显示器屏幕的角度，使颈部肌肉得到放松，见图3-2。

图3-2　操作键盘的正确姿势

（4）使用笔记本或桌面电脑进行键盘操作，每隔1小时就应休息5~10分钟，利用休息的空档，做做柔软体操或局部按摩，在放松身体的同时，也可以缓解眼睛和大脑的疲劳。另外，别忘记喝点水、洗把脸，养成定时运动、定时清洁的好习惯。

（二）手指对键盘的操作

1.基准键位与手指的对应关系

基准键位是指用户使用电脑键盘时的标准手指位置。基准键位共有8个字符键，分别是A、S、D、F、J、K、L、；键。其中，F键和J键上分别有一个凸起，通常称之为盲打坐标，这是为操作者不看键盘就能通过触摸此键来确定基准位而设置的。在操作过程中，左手小指、无名指、中指和食指分别轻放在A、S、D、F键上，右手食指、中指、无名指和小指分别轻放在J、K、L、；键上。基准键位与手指的对应关系见表3-1。

表3-1　　　　　　　　　　　　基准键位与手指的对应关系

A	S	D	F	G	H	J	K	L	；
小指	无名指	中指	食指			食指	中指	无名指	小指
左手						右手			

2.键入指法

键入指法的第一部分就是使用者把双手依照图3-3的位置放在键盘上，即让你的左手食指放在字母F上，右手食指放在字母J上，然后将四指并列对齐分别放在相邻的键钮上。

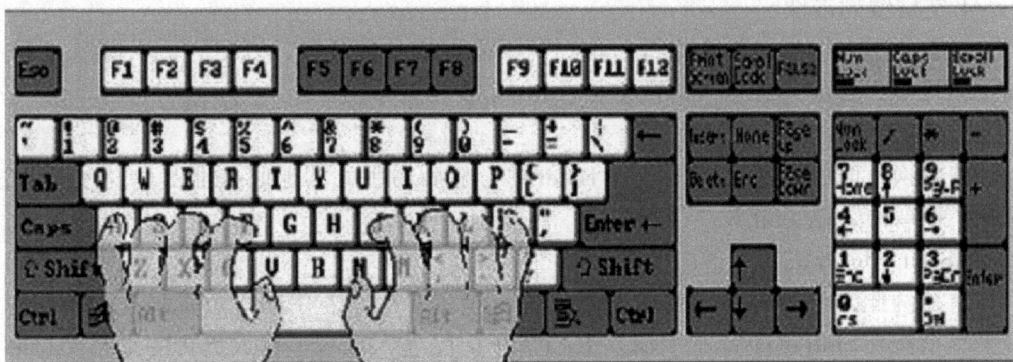

图3-3　键入指法

键入指法的第二部分是手指的"平行"移动规律。也就是说，从你把手放到键盘上起，你每个手的4个手指就要并列对齐并且"同上同下"。

键入指法的第三部分是倾斜移动原则，即无论是你的左手还是右手，都要遵从"左高右低"的方式上下移动。也就是说，左手的食指的移动规范是4、R、F、V一条线，右手食指的移动规范是7、U、J、M一条线。其中挨着左手食指的5、T、G、B由左手食指去打，同理，靠着右手食指的6、Y、H、N 4个键由右手食指去打。当你对标准指法有了初步印象后，就可以了解键盘上其他键的手指分工了。键盘上的手指分工见图3-4。

图3-4 键盘上的手指分工

3.字符键的击键方法

对于初学者来说，一定要严格按照操作键盘的正确姿势、正确的手指分工及击键方法进行操作，为提高打字速度奠定良好的基础。此外，还应养成"盲打"（即打字时不看键盘）的习惯，否则一旦养成错误的习惯就很难纠正。

击键时，手指略向内弯曲，以指头快速地在键上敲击，瞬间发力，并立即反弹。注意一定不要以指尖击键，且应注意是"敲"而不是用力"按"。手指和手腕要灵活，不要靠手臂的运动来找到键位。敲键盘时，只有击键手指做动作，其他手指放在基本键位不动。击键的速度要均匀，用力要轻，有节奏感，不可用力过猛、按键过重。击键完毕，手指迅速回到基本键位上，准备下一次击键。

4.空格键的击法

左右两手大拇指负责空格键，根据两手击键的具体位置，方便的一手拇指向下一击立即回归，每击一次输入一次空格。

5.换行键的击法

需要换行时，右手小指击一次 Enter 键，随后右手立即退回基准键位；在回归过程中小指弯曲，以免带入";"键。

6.Shift键的击法

左右两侧的 Shift 键分别由左右两手的小指负责。当左手输入负责的上档字符时，右手小指按住 Shift 键配合左手输入上档字符；反之，当右手输入负责的上档字符时，左手小指按住 Shift 键配合右手输入上档字符。要养成双手配合操作的习惯。

视频3-1

键盘操作的
正确姿势

实践训练

一、实训内容

请使用"金山打字通"（最新版本）练习键盘指法。

二、实训目的

请同学们使用"金山打字通"（最新版本）练习键盘指法，通过练习帮助记忆键盘各键位的位置，掌握操作键盘的正确方法，并提高手指的击键速度。

三、实训考核

在打字软件中设置指法练习比赛模式，让学生自行测试自己的指法点击正确率以及速度。

任务二　　　　　五笔录入基本规则

任务导入

拼音输入法是使用26个英文字母的排列组合来拼出一个个汉字，而五笔输入法是通过字根的排列组合来完成的。什么是字根？字根的组合方法是什么？如何记忆五笔字根？这些正是本任务要学习的内容。

知识要点

五笔输入法是一种汉字输入法，其实很简单，但是必须记住字根，才能熟练打字。五笔输入法相比于拼音输入法具有低重码率的特点，熟练后可快速提高打字效率。

一、认识汉字

（一）汉字的基本笔画

汉字的结构属性可分为笔画、字根和单字。笔画是构成汉字字形的各种特定的点和线，也是汉字的最小结构单位；字根是由若干笔画构成的，即字根是由基本笔画组成的最基本的结构单元；单字是由字根按一定位置拼合而成的。人们在辨认汉字时，就利用了汉字的字根结构特点，而五笔输入法的学习基础也是要了解字根、拆解字根，这就需要先来学习汉字的笔画。根据楷书书写要求，从落笔到抬笔即为一笔，又叫一画，合称笔画，笔画的具体形状叫笔形。在五笔输入法的学习中，我们将汉字的笔画分为五种，分别是：横（一）、竖（丨）、撇（丿）、捺（点）（丶）、折（乙），见表3-2。

表3-2   汉字的五种基本笔画

笔画名称	笔画走向	笔画及其变形
横	左→右	一 丿
竖	上→下	丨 丨
撇	右上→左下	丿
捺（点）	左上→右下	丶 丶
折	带转折	乙

需要说明的是，除基本笔画外，我们还对汉字的具体形态结构中的笔势变形进行了归类，也就是只要笔画运笔方向是相同的以及是一笔连续写成的笔画，都可以归为同一类。例如，地、珍、执、冲、牧、培等左字部末笔的"提"均视为横笔画，文、寸、安、学等字中的点均视为捺笔画。

（二）汉字的书写顺序

掌握汉字的正确书写顺序对掌握五笔打字输入法极为重要。

1.一般规则

先撇后捺：如人、八、入等。

先横后竖：如十、王、干等。

从上到下：如三、竟、音等。

从左到右：如理、利、礼、明、湖等。

先外后里：如问、同、司等。

先外后里再封口：如国、圆、园、圈等。

先中间后两边：如小、水等。

2.补充规则

点在上部或左上，先写点：如衣、立、为等。

点在右上或在字里，后写点：如发、瓦、我等。

上右和上左包围结构的字，先外后里：如厅、座、屋等。

左下包围结构的字，先里后外：如远、建、廷等。

左下右包围结构的字，先里后外：如凶、画等。

左上右包围结构的字，先里后外：如同、用、风等。

上左下包围结构的字，先上后里再左下：如医、巨、匠、区等。

小知识3-2

一、写字笔顺口诀

从上到下为主，从左到右为辅。

上下左右俱全，根据层次分组；

横竖交叉先横，撇捺交叉先撇；

中间突出先中①，右上有点后补②；

上包下时先外③，下包上时先内④；

三框首横末折⑤，大口最后封底⑥；

口诀注释：

① 中间突出的字，如山、小、办、永、承。

② 上有点的字，如犬、尤、戈、龙、成。

③ 上包下的字，如冈、同、网、周。

④ 下包上的字，如凶、画、函、幽。

⑤ "三框"也叫"匠字框"，如区、匹、巨、医。

⑥ "大口"即大口框，如四、回、团、囚。

二、汉字笔顺口诀（新编）

从上到下为主，从左到右为辅。

中央凸出先写，右上有点后补。

横竖交叉先横，撇捺交叉捺收。

上包下时先外，下包上时先内。

三框首横末折，大口后封底部。

多重复合结构，根据层次分组。

特殊不合规则，源于从草从古。

熟记规则特例，笔画正确无误。

资料来源：佚名.写字笔顺口诀［EB/OL］．［2015-12-17］.http：//www.360doc.com/content/15/1217/11/5784427_521019692.shtml.：佚名.汉字笔顺口诀[EB/OL].[2021].http：//bishun.strokeorder.info/koujue.php.

（三）汉字的字型信息

在五笔字型输入法中，为获取字型信息，把汉字信息分成三类：

1型：左右部位结构的汉字，例如肚、拥、咽、枫等。虽然"枫"的右边是两个基本字根按内外型组合成的，但整字仍属于左右型。

2型：部位结构是上下型的字，例如字、节、看、意、想、花等。

3型：称为杂合型，包括部位结构的单字和内外型的汉字，即没有明显的上下和左右结构的汉字。

在向计算机输入汉字时，只告诉计算机该字是由哪几个字根组成的，往往还不够，如"叭"和"只"字，都是由"口"和"八"两个字根组成的，为了区别究竟是哪一个字还必须把字型信息告诉计算机。

视频 3-2

认识汉字的层次及基本笔画

二、认识五笔字根

五笔字根是五笔输入法的基本单元，由王永民在1983年8月发明。练好五笔字根是学习五笔字型的首要条件。五笔输入法自1983年诞生以来，共有三代定型版本：第一代的86版、第二代的98版和第三代的新世纪版。这三种五笔统称为王码五笔。其中，86版五笔编码使用最早、最为流行，也是最基础的，五笔输入法的初学者一般都使用此版本。后面两个版本的五笔编码是在86版的基础上升级而来，只有少数字根或字根分布不同，大部分汉字的编码都没有改，编码规则也保持一致，只要记住少数变动的字根，专门挑那些编码不同的字多练习几次，就可以由原来熟悉的86版五笔编码过渡到新版五笔编码。其他五笔输入法如极点五笔、万能五笔、智能五笔、QQ五笔、搜狗五笔等，是个人或企业所开发的五笔输入法软件，大部分采用的都是86版五笔编码标准。所以，本书教学使用的是86版五笔编码。

字根大部分是新华字典上的偏旁部首，也有一些不同，五笔输入法的原理就是：每个汉字都由字根组成，如"好"字由字根"女"和字根"子"组成，"们"由字根"亻"和字根"门"组成，所以如果能记住每个字根分布在哪个字母键上，那么打汉字便是很容易的事了。五笔字型编码方案从大量的字根中优选出130个使用频率相对较高的字根，作为基本字根，以字根为基本单位对汉字进行编码，而笔画只在非基本字根拆分或识别码中起辅助作用。

（一）五笔字根及其在键盘上的排列

在五笔字型编码输入法中，选取了组字能力强、出现次数多的130个左右的部件作为基本字根，其余所有的字，包括那些虽然也能作为字根，但是在五笔字型中没有被选为基本字根的部件，在输入时都要被拆分成基本字根的组合。

为了使用方便，根据键盘的结构及字形特点，将A～Z 26个英文字母键中的"Z"保留，按基本的5种单笔笔画字根的第一个笔画的类别，各对应英文字母键盘的一个区。以横起笔的为第一区，以竖起笔的为第二区，以撇起笔的为第三区，以捺（点）起笔的为第四区，以折起笔的为第五区。每区有5个键位，即5×5=25个键位的一个字根键盘，键盘的位号以中部的键为起点，向左右两端顺序排列，这就是分区划位的"五笔字型"字根键盘，如图3-5所示。

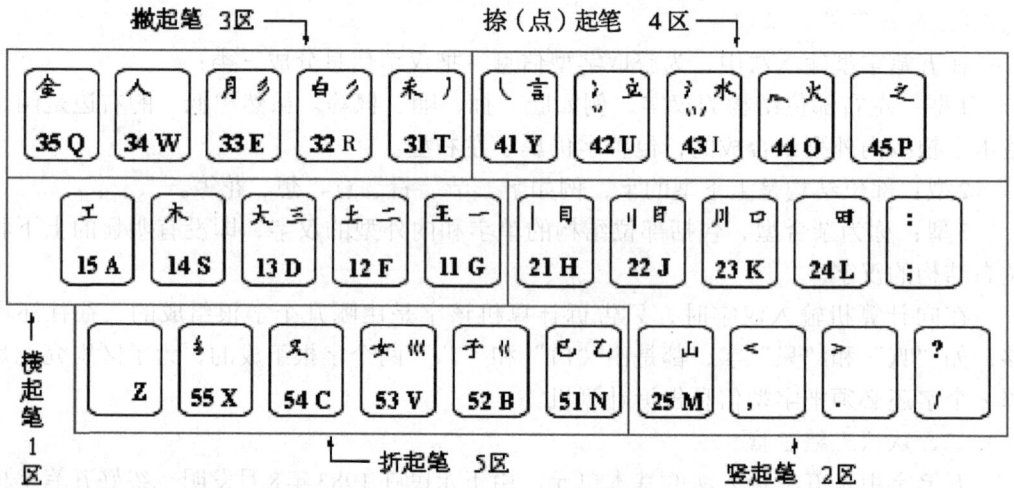

图3-5　五笔字型基本字根排列图

基本字根的键位安排如下：

1区：GFDSA，安排以横起笔的基本字根。

2区：HJKLM，安排以竖起笔的基本字根。

3区：TREWQ，安排以撇起笔的基本字根。

4区：YUIOP，安排以捺（点）起笔的基本字根。

5区：NBVCX，安排以折起笔的基本字根。

这样安排的目的是使基本字根起笔笔画的代号正好与区号一致。因此，要查找某一个字根在哪一个分区，通过判断这个字根的起笔笔画就能基本确定。如字根"目"，它的起笔笔画是"丨"，而竖的代号是2，因而"目"这个字根在2区。

1.1区——横起笔类

1区一共有27种字根，分为王（G）、土（F）、大（D）、木（S）、工（A）5个键位。

2.2区——竖起笔类

2区一共有23种字根，分为目（H）、日（J）、口（K）、田（L）、山（M）5个键位。

3.3区——撇起笔类

3区一共有29种字根，分为禾（T）、白（R）、月（E）、人（W）、金（Q）5个键位。

4.4区——捺起笔类

4区一共有23种字根，分为言（Y）、立（U）、水（I）、火（O）、之（P）5个键位。

5.5区——折起笔类

5区一共有28种字根，分为已（N）、子（B）、女（V）、又（C）、幺（X）5个键位。

　　将区位号与键盘结合起来观察可以看出，每个分区中的号位是从中间（G、H两个键）向键盘两端顺序排列的。每个键都有一个区位号。例如：字母S键的区位号是"14"，第一个"1"表示字母S键的区号，第二个"4"表示字母S键在这个区中的位号，其他字母键的区位号表示及含义以此类推。因此，通过区位号就能准确地定位每个字母键的位置。

　　（二）巧记五笔字根

　　五笔字型对键盘划分区位后，把130个基本字根按字根起笔的代号来分区安排，每个键上都安排了数量不等的基本字根，要学会五笔字型输入法，必须从熟悉字根表开始。图3-6为五笔字根图。

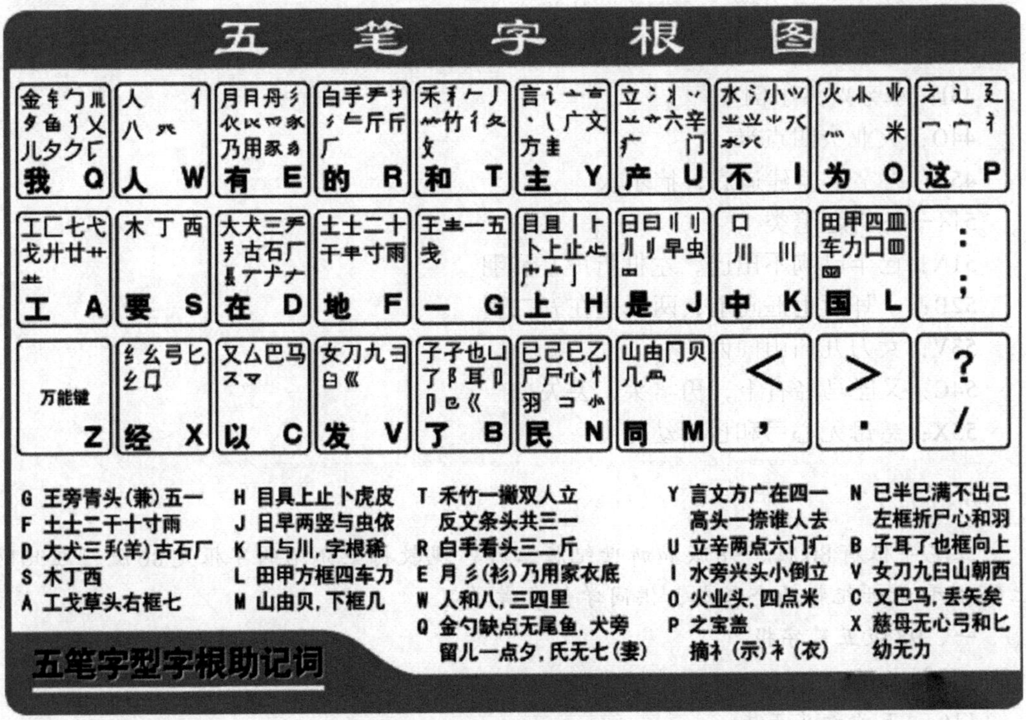

图3-6　五笔字根图

1区——横起笔类

11G：王旁青头戋（兼）五一

12F：土士二干十寸雨，一二还有革字底

13D：大犬三羊古石厂（羊底龙头套上套下）

14S：木丁西

15A：工戈草头右框七

2区——竖起笔类

21H：目具上止卜虎皮

22J：日早两竖与虫依

23K：口与川，字根稀

24L：田甲方框四车力

25M：山由贝，下框几

3区——撇起笔类

31T：禾竹一撇双人立，反文条头共三一

32R：白手看头三二斤

33E：月彡（衫）乃用家衣底，爱头豹头和豹脚，舟下象身三三里

34W：人八登祭取字头

35Q：金勺缺点无尾鱼，犬旁留叉，多点少点三个夕，氏无七（妻）

4区——捺起笔类

41Y：言文方广在四一，高头一捺谁人去

42U：立辛两点六门病

43I：水旁兴头小倒立

44O：火业头四点米

45P：之字宝盖建道底，摘示衣

5区——折起笔类

51N：已半巳满不出己，左框折尸心和羽

52B：子耳了也框向上，两折也在五二里

53V：女刀九臼山向西

54C：又巴马经有上，勇字头，丢矢矣

55X：慈母无心弓和匕，幼无力

小知识3-3

　　五笔字根有86版、98版和新世纪版三种，现教材里介绍的字根是86版，在此附上98版和新世纪版两个版本，供同学们参考学习。

一、98版五笔字根

1区横起笔：

11G：王旁青头五夫一

12F：土干十寸未甘雨

13D：大犬戊其古石厂

14S：木丁西甫一四里

15A：工戈草头右框七

2区竖起笔：

21H：目上卜止虎头具

22J：日早两竖与虫依

23K：口中两川三个竖

24L：田甲方框四车里

25M：山由贝骨下框集

3区撇起笔：

31T：禾竹反文双人立

32R：白斤气丘叉手提

33E：月用力豸毛衣臼

34W：人八登头单人几

35Q：金夕鸟儿犭边鱼

4区点起笔：

41Y：言文方点谁人去

42U：立辛六羊病门里

43I：水族三点鳖头小

44O：火业广鹿四点米

45P：之字宝盖补礻衤

5区折起笔：

51N：已类左框心尸羽

52B：子耳了也乃框皮

53V：女刀九艮山西倒

54C：又巴牛厶马失蹄

55X：幺母贯头弓和匕

二、新世纪版五笔字根

为保持技术的连续性，第三代五笔字型（新世纪版）的25个"键名"没有变动。新设计的字根体系更加符合分区划位规律，更加科学、易记且实用，按规范笔顺写汉字的人，取码输入将得心应手。

1区横起笔：

11G：王旁青头五一提

12F：土士二干十寸雨

13D：大三肆头古石厂

14S：木丁西边要无女

15A：工戈草头右框七

2区竖起笔：

21H：目止具头卜虎皮
22J：日曰两竖与虫依
23K：口中两川三个竖
24L：田框四车甲单底
25M：山由贝骨下框几
3区撇起笔：
31T：禾竹牛旁卧人立
32R：白斤气头叉手提
33E：月舟衣力豕豸臼
34W：人八登祭风头几
35Q：金夕犭儿包头鱼
4区点起笔：
41Y：言文方点在四一
42U：立带两点病门里
43I：水边一族三点小
44O：火变三态广二米
45P：之字宝盖补示衣
5区折起笔：
51N：已类左框心尸羽
52B：子耳了也乃齿底
53V：女刀九巡录无水
54C：又巴甬矣马失蹄
55X：幺母绞丝弓三匕

资料来源：佚名.五笔字型输入法［EB/OL］.［2018-01-18］.https：//baike.baidu.com/item/%E4%BA% 94%E7%AC% 94%E5%AD% 97%E5%9E% 8B% E8%BE% 93%E5%85%A5%E6%B3%95 / 7215844?fromtitle=%E4%BA%94%E7%AC%94&fromid=157685&fr=aladdin.

（三）Z键的用法

从五笔字型的字根键位图可见，26个英文字母键只用了A～Y共25个键，Z键用于辅助学习。

Z键可以代替任何字根，因此被称为万能键，又叫学习键。Z键还可以代替识别码。在输入汉字时，如果汉字编码中的某个代码难以确定，其未知代码可用Z键代替。输入含有Z的编码，在提示行可以找到输入的汉字，再按其序号相对应的数字键，该汉字便可输入。

三、五笔输入法的编码规则

（一）汉字拆分原则

每个汉字都由一个或多个字根组成，五笔字型输入法在输入汉字时，首先要把汉字拆分为各种基本字根。拆分汉字应遵循以下规则：

1.书写顺序原则

按书写顺序拆分汉字是最基本的拆分原则。书写顺序通常为从左到右、从上到下、从外到内及综合应用，拆分时也应该按照该顺序来拆分。

例如，汉字"则"拆分成"贝、刂"，而不能拆分成"刂、贝"；汉字"名"拆分成"夕、口"，而不能拆分成"口、夕"；汉字"因"拆分成"囗、大"，而不能拆分成"大、囗"；汉字"坦"拆分成"土、日、一"，而不能拆分成"日、一、土"等，以保证字根序列正确的顺序。

2.取大优先原则

取大优先也叫作"优先取大"。按书写顺序拆分汉字时，应以"再添一个笔画便不能称其为字根"，每次都拆取一个"尽可能大的"为原则，即尽可能取笔画多的字根。例如，"果"拆分为日、木，而不拆分为旦、小。

总之，"取大优先"，俗称"尽量往前凑"，是在汉字拆分中最常用到的基本原则。至于什么才算"大"，"大"到什么程度才到"边"，这就要求熟悉字根总表。

3.兼顾直观原则

在拆分汉字时，为了照顾汉字字根的完整性，有时不得不牺牲一下"书写顺序"和"取大优先"的原则，形成了个别例外的情况。

课堂训练3-1

例如，"国"按"书写顺序"原则应拆成"囗、王、丶、一"，但这样便破坏了汉字构造的直观性，故只好违背"书写顺序"原则，拆成"囗、王、丶"了。再如，"自"按"取大优先"原则应拆成"白、一"，但这样拆，不仅不直观，而且也有悖于"自"字的字源（这个字的字源是"一个手指指着鼻子"），故只能拆成"丿、目"，这叫作"兼顾直观"原则。

4.能连不交原则

能连不交是指当一个汉字既可以拆分成相连的几个部分，也可以拆分成相交的几个部分时，相连的拆字法是正确的。

例如，"于"可拆分为"一、十"（二者是相连的）或"二、丨"（二者是相交的）；"丑"可拆分为"乙、土"（二者是相连的）或"刀、二"（二者是相交的）。当一个字既可拆成相连的几个部分，也可拆成相交的几个部分时，一般认为相连的拆法是正确的，因为相连比相交更为直观。

5.能散不连原则

能散不连是指当一个汉字被拆分成几个部分，而这几个部分又是复笔字根，它们之间的关系既可为"散"，也可为"连"，此时按"散"拆分。

例如，"倡"的三个字根之间是"散"的关系；"自"首笔"丿"与"目"之间是"连"的关系；"夷"的字根"一、弓"与"人"是"交"的关系。字根之间的关系，决定了汉字的字型（上下、左右、杂合）。

几个字根都"交""连"在一起的，如"夷""丙"等，便是"杂合型"字，属于能散不连型字，不会有争议。而散字根结构必定是取大优先型或兼顾直观型字。

值得注意的是，有时候一个汉字被拆成的几个部分都是复笔字根（不是单笔画），它们之间的关系在"散"和"连"之间模棱两可。例如，"占"可拆分为"卜"

"口"，两者按"连"处理，便是杂合型（能连不交型）；两者按"散"处理，便是上下型（兼顾直观型正确）。又如，"严"可拆分为"一""灬""厂"，后两者按"连"处理，便是杂合型（能连不交型）；后两者按"散"处理，便是上下型（兼顾直观型）。当遇到这种既能"散"，又能"连"的情况时，一般规定：只要不是单笔画，一律按能散不连原则判别。因此，以上两例中的"占"和"严"，都被认为是上下型。

对于初学者来说，往往把握不准一个键外汉字该如何拆分，特别是字形结构不容易直接区分时，容易出现由于拆分错误而不能输入汉字的情况。遇到这种情况，需要冷静思考，从概念上理解散根、连笔结构，从拆分原则上理解取大优先，兼顾直观，以及散、连、交的优先级别。当然，最好的方法是多进行练习。

拆字过程中，需要注意以下事项：

（1）一个笔画不能被割断用在两个字根中。例如："里"不能拆成"田""土"两个字根，因为"土"中的"丨"被分割为了上下两段。

（2）拆字时应优先考虑书写顺序。

（3）只有表外字才需要进行拆分，表内字是无需拆分的。

6.复合字编码规则

按上述原则拆分以后，按字根的多少分别处理：

（1）刚好四个字根，依次取该四个字根的编码输入。

例如："到"字拆分成"一、厶、土、刂"，则其编码为GCFJ。

（2）超过四个字根，则取一、二、三、末四个字根的编码输入。

例如："酸"字取"西、一、厶、文"编码为SGCT。

（3）不足四个字根，加上一个末笔字型交叉识别码，若仍不足四码，则再加一个空格键。

（二）末笔字型交叉识别码

对于不足四码的汉字，例如："汉"字拆分成"氵、又"，只有IC两个码，因此要增加一个末笔字型交叉识别码Y。

下面举个例子来说明它的必需性。例如："汀"字拆分成"氵、丁"，编码为IS，"沐"字拆分成"氵、木"，编码也为IS；"洒"字拆分成"氵、西"编码也为IS。这是因为"木""丁""西"三个字根都是在S键上，就这样输入，计算机无法区分它们。

为了进一步区分这些字，五笔字型编码输入法中引入一个末笔字型交叉识别码，它是由字的末笔笔画和字型信息共同构成的。末笔笔画有5种，字型信息有3类，因此，末笔字型交叉识别码有15种，见表3-3。

表3-3   末笔字型交叉识别码表

末笔笔形 / 字型	左右型 1	上下型 2	杂合型 3
横 1	11G	12F	13D
竖 2	21H	22J	23K
撇 3	31T	32R	33E
捺 4	41Y	42U	43I
折 5	51N	52B	53V

从表3-3中可见，"汉"字的交叉识别码为Y，"字"字的交叉识别码为F，"沐""汀""洒"字的交叉识别码分别为Y、H、G。如果字根编码和末笔交叉识别码都一样，这些汉字称重码字。对重码字只有进行选择操作，才能获得需要的汉字。

工匠风采   改革创新，书写时代发展答卷——
探寻"王码五笔字型"发明人王永民的初心使命

我们必须坚持文化自信、文字自信。我们要让汉字融入高科技，把书写在古籍里的汉字"打出来"，若不普及"形码"打字，字形渐行渐远，汉字将陷入新的危机——越来越多的人会"得音忘形"，提笔忘字。

3 000多年前，河南安阳出现甲骨文，中华民族走出结绳记事年代；1 000多年前，河南人许慎编著《说文解字》，第一部规范性汉字字典问世；40多年前，数字时代来临，在汉字面临"存与亡"的时刻，南阳人王永民发明了王码五笔字型，解决了汉字输入关键性难题。2018年，在庆祝改革开放40周年大会上，王永民被授予"改革先锋"荣誉称号。

在中国共产党成立百年之际，记者采访了"当代毕昇"王永民和他在南阳的老同事，聆听王永民发明五笔字型幕后的故事，感受王永民坚守"爱国、务实、创新"的初心使命。

五笔输入，将中国带入信息时代。作为一项中国人自主发明的原创性重大成果，五笔字型输入法为汉字"走拼音化道路"画上了休止符。励精图治，攻坚克难，历时5年，研究成功五笔字型输入法的王永民，被人们称为"把中国带入信息时代的人"。

从20世纪70年代末开始研发五笔字型输入法，王永民近乎用了一生去研究推广这件关乎国计民生的发明，所带来的是中国信息化的蓬勃发展。在家乡，南阳人正继承着他勇于创新、爱国务实的初心使命，奋勇争先建设美好家园。

资料来源：佚名.改革创新，书写时代发展答卷——探寻"王码五笔字型"发明人王永民的初心使命［EB/OL］.（2021-06-25）.https://baijiahao.baidu.com/s?id=1704119612562534832&wfr=spider&for=pc.经过改编。

启示：

党的二十大报告指出："坚持发扬斗争精神。增强全党全国各族人民的志气、骨气、底气，不信邪、不怕鬼、不怕压，知难而进、迎难而上，统筹发展和安全，全力战胜前进道路上各种困难和挑战，依靠顽强斗争打开事业发展新天地。"王永民始终坚守"爱国、务实、创新"的初心使命，发扬中国人民不怕苦不怕累的精神，迎难而上，攻坚克难，甘于奉献，做奋斗者。新时代下，更需要负重前行的奉献者。"功成不必在我，功成必定有我"，这是当代年轻人应该主动践行的精神。

实践训练

一、实训内容

使用"金山打字通"（最新版本）进行五笔输入法练习，着重熟悉并掌握字根在键盘上的位置，实现对字根的盲打。

二、实训目标

1.熟练掌握字根在键盘上的具体分布。

2.掌握五笔拆字的规则与方法。

三、实训考核

在打字软件中设置测试模式，对学生字根掌握的准确率进行考核。

任务三　　　　　　　　　　键面字录入

任务导入

学习了五笔字根以及字根在键盘上的分布之后，我们发现每个键位助记词中第一个字本身就是一个汉字，还有一些键盘上的字根也是汉字。那么，这些汉字如何使用五笔输入法快速地打出？是否有特殊的技巧？这些正是本任务要学习的内容。

知识要点

在字根键盘的每一个键上都设置了数量不等的字根（其中部分字根本身就是汉字），利用这些字根可以组合出全部汉字。按照字根总表与汉字之间的包含关系，五笔字型输入法把这些汉字划分为键面字和键外字两大类。

键面字是指字根总表内是汉字的那些字根，又称为键面字、表内字，也可称为单根字，即它们只有一个字根，是一个整体，不能拆分。键外字是指字根总表以外的字，非单根字，它们必须由基本字根来组合，所以又称为合体字或表外字。

键面字和键外字的输入法完全不同。键面字和键外字还可以分为多种，具体见图3-7。

```
                                    ┌ 键名字
                    ┌ 键面字(单根字) ┤
                    │               └ 成字字根
汉字与字根总表的关系 ┤
                    │                      ┌ 两根字
                    └ 键外字(多根字、合体字)┤ 三根字
                                           └ 四根及多根字
```

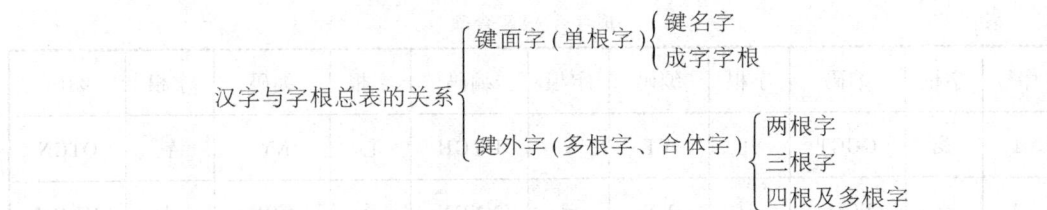

图 3-7　汉字与字根总表的关系

一、键名字的输入方法

字根键盘每个键的左上角的字根被称为键名字，通常它是同一键上字根中组字频率较高的一个。五笔字型使用 25 个键，每个键都有一个键名字（除 X 键），共 24 个，见表 3-4。

表 3-4　　　　　　　　　　　　　　　　　键名字

	G	F	D	S	A
第一区	王	土	大	木	工
第二区	H	J	K	L	M
	目	日	口	田	山
第三区	T	R	E	W	Q
	禾	白	月	人	金
第四区	Y	U	I	O	P
	言	立	水	火	之
第五区	N	B	V	C	X
	己	子	女	又	幺（除外）

输入方法：连续击该键四次。例如：金——QQQQ，王——GGGG，山——MMMM。

二、成字字根的输入方法

成字字根——字根表中除了键名字以外的字根。

成字字根的输入方法：

第一步："报户口"，即按一下该字所在的键。

第二步：再按笔画输入三键，即该字的第一、二和末笔所在的键。

例如："西"字，先击"西"字所在的键 S "报户口"，再输入"一"、"丨"和末笔"一"（SGHG）。

成字字根有：一、五、戋、士、二、干、十、寸、雨、犬、三、古、石、厂、丁、西、七、弋、戈、廿、卜、上、止、曰、早、虫、川、甲、四、车、力、由、贝、几、竹、手、斤、乃、用、八、儿、夕、广、文、方、六、辛、门、小、米、己、巳、尸、心、羽、了、耳、也、刀、九、臼、巴、马、弓、匕。成字字根速查表见表 3-5。

表3-5　　　　　　　　　　　　　　成字字根速查表

课堂训练3-2

序号	字根	编码	字根	编码	字根	编码	字根	编码	字根	编码	字根	编码
1	戈	GGGT	九	VT	辛	UYGH	心	NY	钅	QTGN
2	十	FGH	刀	VN	己	NNGN	爻	QQU	⺕	UYGH
3	石	DGTG	用	ET	羽	NNYG	孑	BYI	疒	UYGG
4	厂	DGT	雨	FGHY	尸	NNGT	孒	BNHG	氵	IYYG
5	西	SGHG	古	DGHG	四	LH	囱	TLQ	亓	FJJ
6	匕	XTN	犬	DGTY	六	UY	艮	VEI	彐	QVF
7	门	UYH	丁	SGH	方	YY	天	TDI	凵	BNH
8	虫	JHNY	由	MH	米	OY	刂	JHH	扌	RGHG
9	皿	LHN	厶	CNY	早	JH	二	YYG	巛	ENNN
10	广	YYGT	乙	NNLL	几	MT	廾	AGTH	灬	CNY
11	八	WTY	廿	AGH	马	CN	夂	TTGY	囗	OYYY
12	戈	AGNT	弋	AGNY	手	RT	夊	TTNY	礻	LHNG
13	巳	NNGN	卜	HHY	三	DG	冫	UYG	彳	TTH
14	耳	BGHG	日	JHNG	五	GG	冖	PYN	衤	PUI
15	白	VTH	川	KTHH	七	AG	勹	QTN	廴	PNY
16	巴	CNHN	甲	LHNH	车	LG	开	GJK	辶	PYNY
17	幺	XNNY	贝	MHNY	力	LT	毛	TAV	隹	WYG
18	弓	XNGN	竹	TTG	儿	QT	疋	NHI	忄	NYHY
19	土	FFFF	斤	RTTH	小	IH	犭	QTE	匚	AGN
20	士	FGHG	乃	ETN	止	HH	彡	ETTT	乞	QNB
21	干	FGGH	夕	QTNY	由	MH	肀	VHK		
22	寸	FGHY	文	YYGY	也	BN	艹	AGHH		

"乙"字是一个比较特殊的字，它的编码是 NNL。在五笔字型的取码规则中还有一条，就是五种笔画的单笔输入。它规定，这五种单笔笔画输入方法是连续按两次该笔画所在区第一键，再按一次"L"键。"乙"字也可算是折的单笔画。其他四个单笔画为：一（GGL），丨（HHL），丿（TTL），丶（YYL）。"一"字因为是后面要提到的简码，所以也可不作为单笔输入。

实践训练

一、实训内容

请使用"金山打字通"（最新版本）进行键名字和成字字根的输入练习。

二、实训目标

掌握五笔打字中键名字和成字字根的输入方法。

三、实训考核

在打字软件中设置测试模式，对学生的打字情况予以评分。

任务四　　　　　　　键外字录入

任务导入

除了键名字和成字字根以外，大部分汉字都是键外字，我们需要掌握拆字、五笔字根的组合等方法去完成输入。五笔打字最大的优点就是每个汉字的输入最多只需敲击四次按键，所以相对于其他输入法，打字效率是最高的。

知识要点

在五笔键盘上，除了键名字和成字字根外，普通字根占有很大的比例。它们主要是由一些单笔画构成，结构相对比较简单。五笔字型一般敲四键就能输入一个汉字，为了提高速度，设计了简码输入法和词汇码输入法。本任务先来学习简码输入法。

一、一级简码的输入

一级简码汉字又称高频字，五笔输入法按照每个键位上的字根的形态特征，在25个键位上为每个键安排了一个最为常用的高频汉字。一级简码字只有25个字，而且是比较常用的字，所以要牢记。一级简码是用一个字母键和一个空格键作为一个汉字的编码。在这25个一级简码中，只有"工"和"人"既是键名汉字又是一级简码，除此之外的一级简码与键名汉字都是不同的（见图3-8）。

一级简码的记忆口诀：

GFDSA：一地在要工

HJKLM：上是中国同

TREWQ：和的有人我

键名	Q	W	E	R	T	Y	U	I	O	P		
简码	我	人	有	的	和	主	产	不	为	这		
键名	A	S	D	F	G	H	J	K	L			
简码	工	要	在	地	一	上	是	中	国			
键名	Z	X	C	V	B	N	M					
简码		经	以	发	了	民	同					

图 3-8　一级简码字表

YUIOP：主产不为这

NBVCX：民了发以经

输入方法：对于这 25 个使用频率最高的汉字，输入的时候只需要按下键盘上对应的字母，然后输入一个空格，即可完成输入。

需要注意的问题：

（1）按空格键结束，不是按回车键结束。

（2）在键盘字母大写输入状态下，不能输入汉字。

（3）一级简码字中属于键内字的有"一、工、上、人、了"，其他的一级简码字全部都是键外字。

（4）简码一般情况下是在全码的基础上省略了后面的编码而成的，但有几个字例外，"有、不、这"的简码是其全码的第二码，而"我、以、为、发"与全码无关。

二、二级简码的输入

对常用汉字只取其前一个、两个或三个字根构成简码。因为末笔识别码总是在全码的最后位置，因此，简码的设计十分便于编码，可以减少输入过程中的击键次数。二级简码对快速输入汉字是很重要的，很多二级简码字，多输入一码反而不是所需要的字，只有再输入一码成四码全码时才可以。而多出两码不仅增加了输入的时间，同时也提高了输入的难度，因为后两码很有可能是识别码。25 个键位理论上最多可以允许有 625 个汉字使用二级简码。但由于有一些空字，所以实际上只有 606 个汉字。学习五笔打字，熟练掌握二级简码是非常重要的，因为这 606 个字基本都是我们日常生活中最常用的字，而几十万个汉字中，最常用的也就一两千个，所以这 606 个字的重要性就不言而喻了。

输入方法：取需要输入的汉字的第一、第二笔代码，再按空格键。

例如："睡"字，把它拆成"目、丿、一、土"，全码为 HTGF。现在我们来输入这个字，只要按下 HT，再按空格，这个字就完成了。"风"字，全码是 MQI，其中 I 为识别码，只要键入 MQ 就可以输入这个字了，不用再判断它的识别码。

五笔字型二级简码表见表 3-6。

表3-6　　　　　　　　　　　　五笔字型二级简码表

区号 位号		横位 GFDSA	竖位 HJKLM	撇位 TREWQ	捺位 YUIOP	折位 NBVCX
横区	G	五于天末开	下理事画现	玫珠表珍列	玉平不来★	与屯妻到互
	F	二寺城霜载	直进吉协南	才垢圾夫无	坟增示赤过	志地雪支★
	D	三夺大厅左	丰百右历面	帮原胡春克	太磁砂灰达	成顾肆友龙
	S	本村枯林械	相查可楞机	格析极检构	术样档杰棕	杨李要权楷
	A	七革基苛式	牙划或功贡	攻匠菜共区	芳燕东★芝	世节切芭药
竖区	H	睛睦睚盯虎	止旧占卤贞	睡睥肯具餐	眩瞳步眯瞎	卢×眼皮此
	J	量时晨果虹	早昌蝇曙遇	昨蝗明蛤晚	景暗晃显晕	电最归紧昆
	K	呈叶顺呆呀	中虽吕另员	呼听吸只史	嘛嘀吵噗喧	叫啊哪吧哟
	L	车轩因困轼	四辊加男轴	力斩胃办罗	罚较★辚边	思团轨轻累
	M	同财央朵曲	由则★崭册	几贩骨内风	凡赠峭赚迪	岂邮×凤嶷
撇区	T	生行知条长	处得各务向	笔物秀答称	入科秒秋管	秘季委么第
	R	后持拓打找	年提扣押抽	手折扔失换	扩拉朱搂近	所报扫反批
	E	且肝须采肛	霜胀胆肿肋肌	用遥朋脸胸	及胶腔膦爱	甩服妥肥脂
	W	全会估休代	个介保佃仙	作伯仍从你	信们偿伙★	亿他分公化
	Q	钱针然钉氏	外旬名甸负	儿铁角欠多	久匀乐炙锭	包凶争色★
捺区	Y	主计庆订度	让刘训为高	放诉衣认义	方说就变这	记离良充率
	U	闰半关亲并	站间部曾商	产瓣前闪交	六立冰普帝	决闻妆冯北
	I	汪法尖洒江	小浊澡渐没	少泊肖兴光	注洋水淡学	沁池当汉涨
	O	业灶类灯煤	粘烛炽烟灿	烽煌粗粉炮	米料炒炎迷	断籽娄烃糨
	P	定守害宁宽	寂审宫军宙	客宾家空宛	社实宵灾之	官字安★它
折区	N	怀导居怵民	收慢避惭届	必怕★愉懈	心习悄屡忱	忆敢恨怪尼
	B	卫际承阿陈	耻阳职阵出	降孤阴队隐	防联孙耿辽	也子限取陛
	V	姨寻姑杂毁	叟旭如舅妯	九★奶★婚	妨嫌录灵巡	刀好妇妈姆
	C	骊对参骠戏	★骒台劝观	矣牟能难允	驻骈★×驼	马邓艰双★
	X	线结顷★红	引旨强细纲	张绵级给约	纺弱纱继综	纪弛绿经比

注：本二级简码表的编码顺序是：先横行大写的字母，然后再纵行大写的字母。例如"灿"字，横行对应的字母是O，纵行对应的字母是M，所以只要键入OM，即可打出此字。

表 3-6 中需要说明的问题：

（1）王码二级简码中没有的字有 6 个：CU 骈，EH 腾，KO 噗，LA 轼，MO 赅，VH 叟，都是三级简码字（CUA 骈，EHH 腾，KOG 噗，LAA 轼，MOO 赅，VHC 叟），但在输入两码后按空格键时会自动出现这些字，所以就视为二级简码了。

（2）有"×"的为无字二码域，有 3 个：HB、MV、CO。

（3）有"★"的二码域可输入词组，而不是单字。

（4）同时为一级简码字的有 11 个：不、地、要、中、同、主、为、这、产、民、经。

三、三级简码的输入

课堂训练 3-3

三级简码是由单字的全码的前三码，再加一个空格键构成。虽然加上空格后，这个字也要敲四下，但因为有很多字不用再判断识别码，这无形中提高了输入速度。在五笔中，由于有这些简码的存在，单字录入一篇文章，平均每个字只要敲击 2.6 下按键，也就是说每输入两个字，只需要敲 5 下键。只有很少的一些字才需要把四个码敲全，所以三级简码同样可以提高输入速度。

输入方法：

（1）三个或多于三个字根：打法=第一字根+第二字根+第三字根+空格，如"些"="止"+"匕"+"二"+空格。

（2）二个字根：打法=第一字根+第二字根+末笔识别码+空格，如"里"="日"+"土"+"三"+空格。在打完字根还打不出该字的时候，需要加一个"末笔识别码"。

（3）成字字根：打法=字根键+该字第一笔+第二笔+空格，如"丁"="丁"+"一"+"丨"+空格。

（4）三级键名汉字：打法=键名键+键名键+键名键+空格，如"言"="言"+"言"+"言"+空格。

四、全码的输入

视频 3-5

五笔字型的
编码规则

由于五笔字型中所有汉字的输入最多输入四个码，所以对于刚好四个字根的单字，依次输入四个元码即可。对于拥有四个字根以上的单字，输入方法是前三个元码加上末笔码即可。

具体输入方法：

（1）四个或四个以上字根的汉字：打法=第一字根+第二字根+第三字根+末字根，如"命"="人"+"一"+"口"+"卩"。注意：不能再加空格。

（2）只有三个字根的汉字：打法=第一字根+第二字根+第三字根+末笔识别码，如"诵"="讠"+"厶"+"用"+"H"（末笔识别码原理请参见三级字打法中的介绍）。

（3）四级成字字根：打法=字根键+字根第一笔+字根第二笔+字根末笔，如"干"="干"+"一"+"一"+"丨"。注意：不是末字根，也不是末笔识别码。

（4）四级键名汉字：打法=键名键+键名键+键名键+键名键，如"土"="土"+"土"+"土"+"土"。

实践训练

一、实训内容

1.请使用"金山打字通"（最新版本）进行对应的简码输入法练习。

2.学生对照五笔字库里的文字（夹杂了文字、标点符号、字母和数字）进行输入训练，提升打字速度。

二、实训目标

通过不断练习，使学生掌握五笔打字的一级简码、二级简码、三级简码以及全码的输入方法，从而真正学会使用五笔输入法。

三、实践考核

在打字软件中设置测试模式，对学生的掌握情况给予评分。

任务五　　　　　　　　　　　词组录入

任务导入

经常打字的同学应该知道，相比于一个汉字一个汉字地输入，我们更喜欢对词组进行连打，因为这样可以减少选字的时间。五笔输入法在输入词组的时候有着很大的优势，哪怕是四字成语，也最多只需敲击四次按键即可完成输入。下面就介绍五笔输入法词组录入的内容。

知识要点

汉字以字作为基本单位，由字组成词。在句子中若把词作为输入的基本单位，则速度更快。五笔字型中的词和字一样，不管词语的字数有多少，一词只需四码。用每个词中汉字的第一、二个字根组成一个新的字码，与单个汉字的代码一样，来代表一条词汇。掌握五笔的词组录入方法，可以大大提高连打的速度。

一、二字词汇的输入

输入方法：二字词汇的拆分方法是，取其每字全码的前两码组成四码，作为输入时的元码。即：首字第一字根+首字第二字根+第二字第一字根+第二字第二字根。

例如："天空"，"天"可拆分为"一""大"两个字根，"空"可拆分为"宀""八""工"三个字根，分别取这两个字的前两码"一""大""宀""八"，就形成了"天空"这个词组的编码"GDPW"。

需要说明的是，在输入由某些一级简码组成的词汇时就不能按一级简码汉字处理，而要按"第一字根"+"第二字根"的方法加以输入。例如："我们"≠"我"+空格+"亻"+"门"（Q空格WU），而是"我们"＝"丿"+"扌"+"亻"+"门"（TRWU）。

例如："口渴"≠"口"+"丨"（识别码）+"氵"+"日"（KHIJ），"口渴"＝"口"+"口"+"氵"+"日"（KKIJ）；"田地"≠"田"+"丨"（识别码）+"土"+"也"（LHFB），"田地"＝"田"+"田"+"土"+"也"（LLFB）。

二、三字词汇的输入

输入方法：首字第一字根+第二字第一字根+第三字第一字根+第三字第二字根。例如："操作员"取"扌、亻、口、贝"构成一个编码（RWKM）；"解放军"取"刀、方、冖、车"作为编码（QYPL）等。

三、四字词汇的输入

输入方法：每字取第一个字根作为编码。例如："程序设计"取"禾、广、言、言"（TYYY）构成词汇编码。

四、多字词汇的输入

输入方法：取多字词组中第一个字、第二个字、第三个字以及最后一个字的第一个字根构成编码。例如："中华人民共和国"取"口、人、人、口"（KWWL），"电子计算机"取"日、子、言、木"（JBYS）等。

五笔字型中的字和词都是四码。因此，词语占用了同一个编码空间。之所以字和词能共同容纳于一体，是由于每个字有四键，共有25×25×25×25种可能的字编码，约39万个，大量的码空闲。对词汇编码而言，由于词和字的字根组合分布规律不同，它们在汉字编码空间中各占据着基本上互不相交的一部分。因此，词和字的输入完全一样。

五、重码与容错码

重码在五笔字型输入法里，是指不同的汉字或词组具有相同的编码。

电脑汉字输入法中，一般都要对汉字进行编码，以便使用者在标准电脑键盘上击键而将汉字输入电脑中。但在汉字编码的实践中，有时同一组编码，往往会对应几个不同的汉字（或词组），这种现象称为"重码"。为此，汉字编码方案的设计者会采取一些措施，在某编码组合的后面再加上一些特定信息，来处理这组重码字，从而消灭重码或使重码字大为减少，这样的技术措施称为"重码识别"。

例如："嘉"字和"喜"字，都分解为"FKUK"，因"喜"字较常用，它排在第一位，"嘉"字排在第二位。若需要输入"嘉"字则要用数字键2来选择。

为了减少重码字，把不太常用的重码字设计成容错码字，即把它的最后一码修改为L，例如：把"嘉"字的码定义为"FKUL"，这样用"FKUL"输入，就能获得唯一的"嘉"字。

有些字的书写顺序因人而异，为了能适应这种情况，允许一个字有多种输入码，这些字称为容错字。在五笔字型编码输入方案中，容错字有500多种。

拓展阅读3-1 腾讯与中国残联公益组织战略签约 首发"触觉输入"效率提升20%

2023年6月29日，《中华人民共和国无障碍环境建设法》颁布次日，腾讯与中国残联公益组织——中国助残志愿者协会、中国盲人协会、中国聋人协会、中国肢残人协会、中国残疾人事业新闻宣传促进会在北京签署战略合作协议。未来五年，双方将在立法指引下，共同探索无障碍产品与服务创新、宣传推广无障碍环境理念，凝聚社会共识和力量，助推我国无障碍事业高质量发展。双方将首批推进成立无障碍联合创新实验室、建设国家无障碍云展馆、推出残疾人证电子二维码、助力腾讯深圳前海新总部建成全国一流无障碍环境基地等事项。

会上，腾讯多个产品与技术团队展示信息无障碍的最新成果。腾讯输入法部总经理鲁剑首次对外发布搜狗输入法"触觉输入"解决方案。该方案首创分按键差异化振动方式，通过给键盘上的锚点字符（如E、S、C等按键）添加特殊振动效果，方便视障用户在嘈杂环境等场景输入时，不完全依赖语音读屏，也能快速识别所触摸字符内容，实现更顺畅及立体化的输入交互。

触觉反馈技术利用终端设备不同振动时长、频率及强度组合，传递差异化信息，由腾讯游戏CROS MTGPA（终端技术优化项目）研发。作为游戏科技跨界应用范例，触觉反馈与无障碍输入场景结合，有效解决视障用户信息获取不全、设备交互不便、个人隐私泄露等难题，同时将输入效率提升20%，让视障用户在数字世界的工作与社交更加自如。

据了解，我国约有1 700万视力障碍人群，这意味着每80个人中，大约就有一个视障者。另根据全国第七次人口普查数据，我国60岁以上人口为2.6亿人，多数老年人有不同程度的视力问题。"搜狗输入法一直非常重视并积极投入信息无障碍建设，致力于为不同特定群体量身打造优质输入体验。此次发布的触觉输入，希望能够帮助视障人群顺畅输入，降低数字世界就业、社交的门槛。"鲁剑表示。

触觉输入解决方案，是腾讯搜狗输入法在"无障碍输入"领域又一实践。2015年至今，腾讯搜狗输入法先后推出视障输入、点点输入、长辈输入、眼动输入、声文互转等一系列无障碍输入解决方案，全面覆盖视障、听障、肢障与老年群体。2022年1月，在中国残疾人联合会直属中国残疾人辅助器具中心指导下，腾讯搜狗输入法联合发起了"众声"无障碍输入公益计划，搭建开放平台，向行业免费开放无障碍输入解决方案。计划发布至今，已为听到科技、七鑫易维、保益互动等多家合作伙伴提供方案支持，以科技助力有障群体的顺畅表达，携手共建友好的无障碍环境。

资料来源：佚名.科技快讯网，腾讯与中国残联公益组织战略签约 首发"触觉输入"效率提升20%［EB/OL］.［2023-07-05］. https://app.myzaker.com/article/64a4c9a81bc8e08e5c000008.

实践训练

一、实训内容

请使用"金山打字通"（最新版本）进行五笔输入法的词组练习，快速提高打字速度。

二、实训目标

通过不断练习，使学生掌握五笔输入法中词组的快速输入。

三、实训考核

在打字软件中设置测试模式，对学生的词组输入练习进行考核评分。

任务六　　　　　　　　　　　文章录入

任务导入

前面我们学习了单个汉字的输入、词组的输入，那么，如何进行大篇幅文字的输入呢？这些文字中可能还夹杂着字母、标点、数字等各种字符。想要快速完成一篇文章的录入，提高日常工作效率，还需要同学们勤学苦练，熟能生巧，这样才能真正掌握五笔输入法。

知识要点

一、在记事本中使用五笔输入文章

Windows 操作系统自带的"记事本"功能，因不需要特别安装且生成的文件较小而受到广大用户喜爱。

打开方法：

1.单击"开始"→"程序"→"附件"→"记事本"；

2.单击"开始"→"运行"→"输入 notepad"。

在记事本中输入习近平总书记在中国共产党第二十次全国代表大会上的讲话节选，如图 3-9 所示。

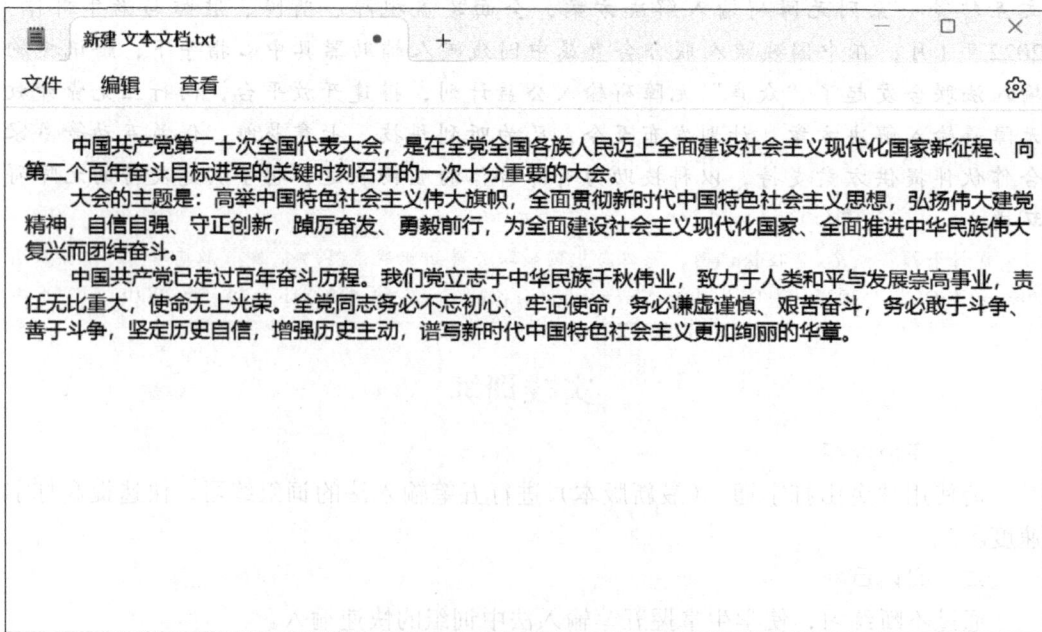

图 3-9　采用记事本输入文章截图

二、在 Word 中使用五笔输入文章

Microsoft Office Word 是微软公司的一个文字处理器应用程序。它最初是由 Richard Brodie 为了运行 DOS 的 IBM 计算机而在 1983 年编写的。随后的版本可运行于 Apple Macintosh（1984 年）、SCO UNIX 和 Microsoft Windows（1989 年），并成为了 Microsoft Office 的一部分。Word 给用户提供了用于创建专业而优雅的文档的工具，帮助用户节省时间，并得到优雅美观的结果。一直以来，Microsoft Office Word 都是最流行的文字处理程序。作为 Office 套件的核心程序，Word 提供了许多易于使用的文档创建工具，同时也提供了丰富的功能集供创建复杂的文档使用。哪怕只使用 Word 应用一点文本格式化操作或图片处理，也可以使简单的文档变得比只使用纯文本更具吸引力。

打开方法：

1. 通过"开始"菜单启动。

2. 在电脑桌面单击右键，新建 Word。

例如，在 Word 中输入习近平总书记在中国共产党第二十次全国代表大会上的报告第九条"增进民生福祉，提高人民生活品质"，如图 3-10 所示。

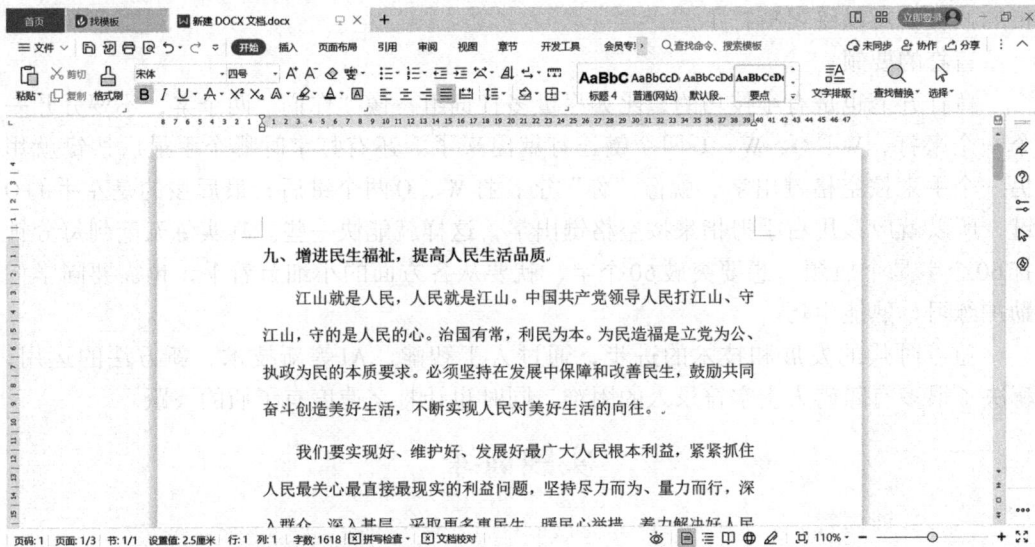

图 3-10 使用 Word 输入文章截图

小知识 3-4   掌握盲打提高文字录入的要领

盲打是指打字的时候不用看键盘或看稿打字时的视线不用来回于文稿和键盘之间的行为。盲打能提高输入的速度，是打字员的基本要求，盲打要求打字的人对于键盘有很好的定位能力。使用五笔输入法进行文字录入，由于少选字，是很容易进行盲打的。

盲打是怎么练成的？

（1）要练就过硬的指法；

（2）要熟记字根；

（3）要深刻理会汉字拆分原则；

（4）巧学苦练；

（5）加强记忆特殊汉字的拆分方法和输入编码。

如何练习盲打？

首先要学手指如何放在键上：五指微下屈，两个大拇指控制空格键，左手另四指分别放在 A、S、D、F 四个键上，右手另四指分别放在 J、K、L、; 四个键上，这样左右两个食指就分别放在 F 键和 J 键上，而这两个键上都有小凸起，不用眼看，用手指一摸就找到了。这就是正规的指法。

然后是十指的分工了，其实很简单。两个拇指只负责一个空格键，另外六指都是控制一个竖排的键，例如：左手尾指控制 Q、A、Z 三个键，右手尾指控制 P、; 、/ 三个键，无名指和中指以此类推。为什么说是六指呢？因为两个食指的任务繁重一点，食指要控制两排竖排的键，如：右食指控制 U、J、M、Y、H、N 六个键，左食指控制 R、F、V、T、G、B 六个键。这样十指的分工就完成了，只要记住各键的位置和各指的按键就可以练习盲打了。

盲打的要领：

盲打五笔也是有小技巧的，比如尽量多打词组，像"你们"两个字，不要分开一个一个来打，W、Q、W、U 四个键连打就出来了。还有打字时哪个手最后按键就用另一个手来按空格键出字，就像"你"字，打 W、Q 两个键后，最后按的是左手的 Q 键，所以就应该用右手拇指来按空格键出字，这样就能快一些。其实练五笔到每分钟打 60 个字是个瓶颈，想要突破 60 个字，就要从各方面的小细节着手，也需要同学们勤加练习，熟能生巧。

随着时代的发展和技术的进步，通过人工智能、AI 等新技术、新方法的运用，解决了很多有障碍人士字符录入的困难，同时也让打字速度有了质的飞跃。

实践训练

一、实训内容

请使用金山打字（最新版）进行文章模式的五笔输入练习。

二、实训目标

通过大篇幅的文章练习，学生能真正掌握五笔输入法，其中包括对特殊字符、标点、数字等字符输入方法的掌握。

三、实训考核

在打字软件中设置测试模式，对学生在规定时间内输入字符数的准确率以及速度进行考评。

思维拓展3-1

1.利用计算机自动识别字符的技术，是模式识别应用的一个重要领域。人们在生产和生活中，要处理大量的文字、报表和文本。为了减轻人们的劳动，提高处理效率，中国从20世纪50年代就开始探讨一般文字识别方法和技术。随着计算机、互联网、移动端、人工智能技术的迅速发展，现在已经有越来越多的技术手段可以帮助人们快速识别文字。同学们在学习和生活中，有使用过哪些文字识别的方法呢？

分析提示3-1

要求：请同学们以小组为单位进行讨论，然后每个小组选一个代表做总结汇报。

2.你知道世界上唯一一个不使用字母的主流语言是什么吗？世界第一台机械打字机发明后，打字机不管经历多少次演变，仅适用于以字母为基础的西方语言世界。面对有着数千常用字的汉字世界，这种以几十个字母文字为基础的打字机显得无能为力，那么我们的国家是如何解决这个问题的呢？

分析提示3-2

要求：请同学们以小组为单位搜集相关资料进行讨论和分析，然后每个小组选一个代表做总结汇报。

项目考核

一、选择题

1.在五笔字型中，构成汉字的基本元素是（　　　）。

A.笔画　　　　　　　　　　　　B.字根

C.单字　　　　　　　　　　　　D.偏旁

2.五笔字型将汉字的基本笔划归结为（　　　）类。

A.4　　　　　　　　　　　　　　B.5

C.6　　　　　　　　　　　　　　D.7

3.下列汉字中不属于一级简码的是（　　　）。

A.人　　　　　　　　　　　　　B.要

C.了　　　　　　　　　　　　　D.王

4.下列不属于键名的是（　　　）。

A 金　　　　　　　　　　　　　B 言

C 经　　　　　　　　　　　　　D 子

二、问答题

1.五笔字型的拆分原则是什么？

2.五笔输入法的优点有哪些？

3.26个键名字有哪些？其输入方法是什么？

4.在什么样的情况下使用末笔交叉识别码？

三、实训题

同学们自行选择一种文档编辑程序，在里面使用五笔输入法输入习近平总书记2020年5月29日在十九届中央政治局第二十次集体学习时的讲话：《充分认识颁布实施民法典重大意义　依法更好保障人民合法权益》。

充分认识颁布实施民法典重大意义 依法更好保障人民合法权益

习近平

5月28日，十三届全国人大三次会议审议通过了《中华人民共和国民法典》，这是新中国成立以来第一部以"法典"命名的法律，是新时代我国社会主义法治建设的重大成果。安排这次集体学习，目的是充分认识颁布实施民法典的重大意义，推动民法典实施，以更好推进全面依法治国、建设社会主义法治国家，更好保障人民权益。

在我国革命、建设、改革各个历史时期，我们党都高度重视民事法律制定实施。革命战争年代，我们党在中央苏区、陕甘宁边区等局部地区就制定实施了涉及土地、婚姻、劳动、财经等方面的法律。新中国成立后，我国相继制定实施了婚姻法、土地改革法等重要法律和有关户籍、工商业、合作社、城市房屋、合同等方面的一批法令。我们党还于1954年、1962年、1979年、2001年4次启动制定和编纂民法典相关工作，但由于条件所限没有完成。

改革开放以来，我国民事商事法制建设步伐不断加快，先后制定或修订了中外合资经营企业法、婚姻法、经济合同法、商标法、专利法、涉外经济合同法、继承法、民法通则、土地管理法、企业破产法、外资企业法、技术合同法、中外合作经营企业法、著作权法、收养法、公司法、担保法、保险法、票据法、拍卖法、合伙企业法、证券法、合同法、农村土地承包法、物权法、侵权责任法等一大批民事商事法律，为编纂民法典奠定了基础、积累了经验。

党的十八大以来，我们顺应实践发展要求和人民群众期待，把编纂民法典摆上重要日程。党的十八届四中全会作出关于全面推进依法治国若干重大问题的决定，其中对编纂民法典作出部署。之后，我主持3次中央政治局常委会会议，分别审议民法总则、民法典各分编、民法典3个草案。在各方面共同努力下，经过5年多工作，民法典终于颁布实施，实现了几代人的夙愿。

民法典在中国特色社会主义法律体系中具有重要地位，是一部固根本、稳预期、利长远的基础性法律，对推进全面依法治国、加快建设社会主义法治国家，对发展社会主义市场经济、巩固社会主义基本经济制度，对坚持以人民为中心的发展思想、依法维护人民权益、推动我国人权事业发展，对推进国家治理体系和治理能力现代化，都具有重大意义。

民法典系统整合了新中国成立70多年来长期实践形成的民事法律规范，汲取了中华民族5000多年优秀法律文化，借鉴了人类法治文明建设有益成果，是一部体现我国社会主义性质、符合人民利益和愿望、顺应时代发展要求的民法典，是一部体现对生命健康、财产安全、交易便利、生活幸福、人格尊严等各方面权利平等保护的民法典，是一部具有鲜明中国特色、实践特色、时代特色的民法典。实施好民法典，重点要做好以下工作。

第一，加强民法典重大意义的宣传教育。要讲清楚，实施好民法典是坚持以人民为中心、保障人民权益实现和发展的必然要求。民法典调整规范自然人、法人等民事主体之间的人身关系和财产关系，这是社会生活和经济生活中最普通、最常见的社会关系和经济关系，涉及经济社会生活方方面面，同人民群众生产生活密不可分，同各行各业发展息息相关。民法典实施得好，人民群众权益就会得到法律保障，人与人之间的交往活动就会更加有序，社会就会更加和谐。要讲清楚，实施好民法典是发展社会主义市场经济、巩固社会主义基本经济制度的必然要求。民法典把我国多年来实行社会主义市场经济体制和加强社会主义法治建设取得的一系列重要制度成果用法典的形式确定下来，规范经济生活和经济活动赖以依托的财产关系、交易关系，对坚持和完善社会主义基本经济制度、促进社会主义市场经济繁荣发展具有十分重要的意义。要讲清楚，实施好民法典是提高我们党治国理政水平的必然要求。民法典是全面依法治国的重要制度载体，很多规定同有关国家机关直接相关，直接涉及公民和法人的权利义务关系。国家机关履行职责、行使职权必须清楚自身行为和活动的范围和界限。各级党和国家机关开展工作要考虑民法典规定，不能侵犯人民群众享有的合法民事权利，包括人身权利和财产权利。同时，有关政府机关、监察机关、司法机关要依法履行职能、行使职权，保护民事权利不受侵犯、促进民事关系和谐有序。民法典实施水平和效果，是衡量党和各级国家机关履行为人民服务宗旨的重要尺度。

第二，加强民事立法相关工作。民法典颁布实施，并不意味着一劳永逸解决了民事法治建设的所有问题，仍然有许多问题需要在实践中检验、探索，还需要不断配套、补充、细化。有关国家机关要适应改革开放和社会主义现代化建设要求，加强同民法典相关联、相配套的法律法规制度建设，不断总结实践经验，修改完善相关法律法规和司法解释。对同民法典规定和原则不一致的国家有关规定，要抓紧清理，该修改的修改，该废止的废止。要发挥法律解释的作用，及时明确法律规定含义和适用法律依据，保持民法典稳定性和适应性相统一。

"法与时转则治。"随着经济社会不断发展、经济社会生活中各种利益关系不断变化，民法典在实施过程中必然会遇到一些新情况新问题。这次新冠肺炎疫情防控的实践表明，新技术、新产业、新业态和人们新的工作方式、交往方式、生活方式不断涌现，也给民事立法提出了新课题。要坚持问题导向，适应技术发展进步新需要，在新的实践基础上推动民法典不断完善和发展。

第三，加强民法典执法司法活动。严格规范公正文明执法，提高司法公信力，是维护民法典权威的有效手段。各级政府要以保证民法典有效实施为重要抓手推进法治政府建设，把民法典作为行政决策、行政管理、行政监督的重要标尺，不得违背法律法规随意作出减损公民、法人和其他组织合法权益或增加其义务的决定。要规范行政许可、行政处罚、行政强制、行政征收、行政收费、行政检查、行政裁决等活动，提高依法行政能力和水平，依法严肃处理侵犯群众合法权益的行为和人员。

民事案件同人民群众权益联系最直接最密切。各级司法机关要秉持公正司法，提高民事案件审判水平和效率。要加强民事司法工作，提高办案质量和司法公信力。要及时完善相关民事司法解释，使之同民法典及有关法律规定和精神保持一致，统一民事法律适用标准。要加强涉及财产权保护、人格权保护、知识产权保护、生态环境保护等重点领域的民事审判工作和监督指导工作，及时回应社会关切。要加强民事检察工作，加强对司法活动的监督，畅通司法救济渠道，保护公民、法人和其他组织合法权益，坚决防止以刑事案件名义插手民事纠纷、经济纠纷。

民法典专业性较强，实施中要充分发挥律师事务所和律师等法律专业机构、专业人员的作用，帮助群众实现和维护自身合法权益，同时要发挥人民调解、商事仲裁等多元化纠纷解决机制的作用，加强法律援助、司法救助等工作，通过社会力量和基层组织务实解决民事纠纷，多方面推进民法典实施工作。

第四，加强民法典普法工作。民法典共7编1260条、10万多字，是我国法律体系中条文最多、体量最大、编章结构最复杂的一部法律。民法典要实施好，就必须让民法典走到群众身边、走进群众心里。要广泛开展民法典普法工作，将其作为"十四五"时期普法工作的重点来抓，引导群众认识到民法典既是保护自身权益的法典，也是全体社会成员都必须遵循的规范，养成自觉守法的意识，形成遇事找法的习惯，培养解决问题靠法的意识和能力。要把民法典纳入国民教育体系，加强对青少年民法典教育。

民法典专业术语很多，要加强解读。要聚焦民法典总则编和各分编需要把握好的核心要义和重点问题，阐释好民法典关于民事活动平等、自愿、公平、诚信等基本原则，阐释好民法典关于坚持主体平等、保护财产权利、便利交易流转、维护人格尊严、促进家庭和谐、追究侵权责任等基本要求，阐释好民法典一系列新规定新概念新精神。

第五，加强我国民事法律制度理论研究。改革开放以来，我国民法理论研究和话语体系建设取得了明显成效，但同日新月异的民法实践相比还不完全适应。要坚持以中国特色社会主义法治理论为指导，立足我国国情和实际，加强对民事法律制度的理论研究，尽快构建体现我国社会主义性质，具有鲜明中国特色、实践特色、时代特色的民法理论体系和话语体系，为有效实施民法典、发展我国民事法律制度提供理论支撑。

各级党和国家机关要带头宣传、推进、保障民法典实施，加强检查和监督，确保民法典得到全面有效执行。各级领导干部要做学习、遵守、维护民法典的表率，提高运用民法典维护人民权益、化解矛盾纠纷、促进社会和谐稳定能力和水平。

项目评价表

内　　容			评　价		
学习目标		评价项目	3	2	1
职业能力	掌握键盘的正确使用方法和正确的键入指法	1.良好的坐姿和击键习惯			
		2.正确的键入指法			
	熟记五笔字根表	1.掌握五笔字根在键盘上的排列			
		2.掌握五笔输入法的编码规则			
		3.掌握一级简码、二级简码、三级简码以及全码的输入方法			
	利用五笔字型的输入规则快速输入汉字	1.掌握单字输入			
		2.掌握词组输入			
		3.熟练、快速地进行大篇幅文章的输入			
通用能力	组织能力				
	沟通能力				
	解决问题的能力				
	自我提高的能力				
	创新能力				
综合评价					

等级说明：

3——能高质、高效地完成此学习目标的全部内容，并能解决遇到的特殊问题；

2——能高质、高效地完成此学习目标的全部内容；

1——能圆满完成此学习目标的全部内容，无需任何帮助和指导。

评价说明：

优秀——达到3级水平；

良好——达到2级水平；

合格——全部任务都达到1级水平；

不合格——不能达到1级水平。

项目四
传票算

学习目标

知识目标：

1.了解传票算的种类和应用范围。

2.熟练掌握用计算机小键盘、计算器计算传票算的基本方法。

技能目标：

1.通过本项目的训练，能够熟练掌握计算机小键盘、计算器的指法运用及操作技巧。

2.通过训练大大提高输入速度，利用计算机小键盘、计算器快速进行基本数学计算及辅助会计核算。

素养目标：

1.通过本项目的学习，将知识能力与思想教育有机融合，培养家国情怀和工匠精神，在学习知识的过程中立德树人。

2.通过本项目的学习，培育敬业、审慎、精益求精和创新精神，营造劳动光荣的社会风尚。

任务一 　传票算的基础认知

任务导入

传票算，也称为传票翻打，它是加减运算在实际工作中的具体应用，它可以为会计核算、财会分析、统计报表提供及时、准确、可靠的基础数字，是财经工作者必备的一项基本技能，并被列入全国会计技能比赛的正式项目。

知识要点

传票是指记有文字和数字的单据、凭证，如发票、支票、收据、记账传票等，因在有关人员之间传递周转，故称为传票。在银行，它是业务活动相关传递过程的重要记账凭证。

传票运算简称为传票算，是用计算器、计算机、算盘对各种单据、发票和记账凭证上的数字金额进行加减运算的一种方法。根据传票形式和内容的不同，其计算方法也有所不同。在银行柜员工作中，对凭证的计算处理是第一道工序，传票算也因此得名。银行柜员每天必须翻打很多凭证进行核算，银行业也经常将传票算作为招聘员工的考试内容，考核工作人员的业务素质，甚至将其作为银行业务技术比赛的项目之一。目前，由于计算器和计算机在银行柜台业务中相当普及，用计算器和计算机小键盘进行传票算也成为银行业务技术比赛中的主要项目。因此，对银行柜员而言，熟练掌握传票算的知识和技巧不仅重要，而且很有必要。

一、传票的种类

传票的种类多种多样。按照传票装订与否，传票可分为装订本和活页本两种。装订本如发票存根、收据存根和各种装订成册的单据等，活页本如会计的记账凭证、银行支票、工资卡片等。按照计算内容的不同，传票可分为单式传票（单项目传票）和复式传票（多项目传票）两种。单式传票如银行支票、领料单等，复式传票如记账凭证、生产记录表等。传票的分类见图4-1。计算器、计算机和珠算比赛所使用的传票就是模拟实际工作中的传票设计的。

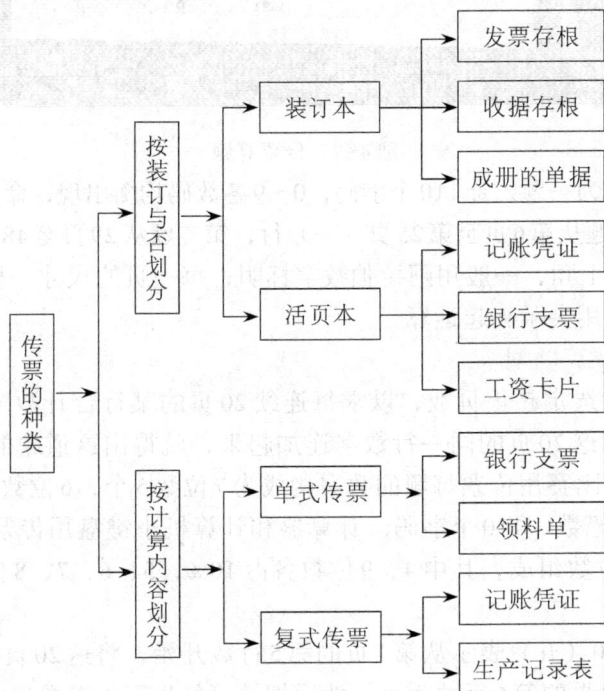

图4-1　传票的分类

二、翻打百张复式传票

（一）复式传票规格

现行全国会计比赛使用的传票为复式传票，其规格为：

1.长19厘米、宽9厘米的60克书写纸，用4号手写体铅字印刷。每面各行数字下加横线，其中（二）行和（四）行为粗线。

2.传票左上角装订成册，中间夹1～2根色带，每本共100页（反面没有数字）。

3.每页五行，每笔最高为9位数，最低为4位数，全为金额单位。

4.在每笔数字前自上而下依次印有题号（一）、（二）、（三）、（四）、（五），（一）表示第一行数字，（二）表示第二行数字，以此类推，如图4-2所示。

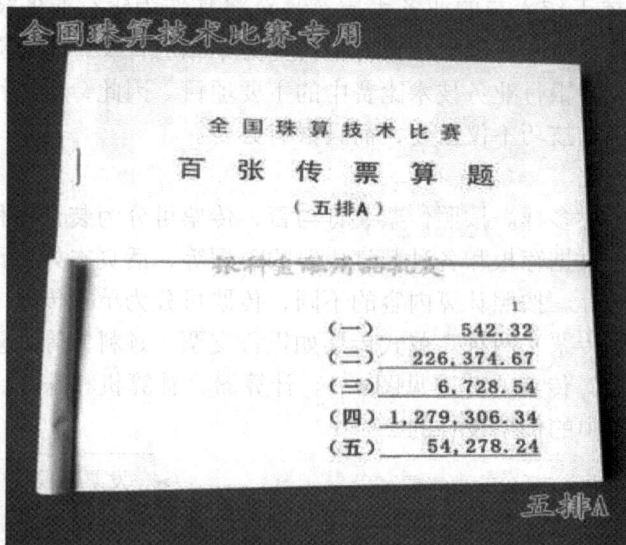

图4-2　传票算题

5.每连续20页为一题，计110个字码，0～9各数码均衡出现，命题时任意选定起止页数。例如，第一题从第6页至第25页（一）行，第二题从29页至48页（三）行等。

6.页码印在右上角，一般用阿拉伯数字标明，每一页的尺寸一样，并在左上角有空白处，计算时可用夹子夹起运算。

（二）复式传票算题型

命题时可任意选定起止页数，以求每连续20页的某行合计数为一题，即每页只计算一行数字，把这20页的同一行数字连加起来，就得出这道题的结果；0～9各数码均衡出现；珠算比赛用传票每题的数字构成为7位数5个，6位数5个，5位数5个，4位数5个，共20笔数，110个字码。计算器和计算机小键盘用传票每题20笔数的数字构成：由4～9位数组成，其中4、9位数各占10%，5、6、7、8位数各占20%，题型见表4-1。

表4-2中1～20（五）表示从第1页的第5行数开始，将这20页中各页的第5行加总起来，直到第20页的第5行数为止，然后把计算结果写入答数栏中。

目前，计算器、计算机或珠算比赛用传票算多采用"限时不限量"的方式，每场比赛10分钟（或8分钟，或5分钟）。如果答数完全正确，按每题10分或15分标准计分。要求按顺序计算，不准跳题，否则，跳题部分以错题论，倒扣正确题的分数。有的银行招聘录用考试限时3分钟，每题20分，算对3题，书写完全正确，得60分为合格；有的银行限时4分钟，每题20分，算对4题，书写完全正确，得80分为合格。

表4-1　　　　　　　　　　　　　传票算题型

题号	起止页数	行数	答案	题号	起止页数	行数	答案
1	1～20	（五）	—	6	29～48	（四）	—
2	21～40	（三）	—	7	34～53	（五）	—
3	41～60	（四）	—	8	76～95	（一）	—
4	61～80	（二）	—	9	58～77	（二）	—
5	81～100	（一）	—	10	67～86	（三）	—

三、传票算训练要领

（一）以准为主，准中求快

传票算打得好的标准是准确与快速，准是必须达到的要求，快是全力争取的目标。进行传票算计算，快而不准毫无意义，准而不快达不到要求、完不成任务。因此，在训练中要正确处理好准确与快速的关系，不能只追求一样，要在保证准确的前提下，提高速度。要达到这样的要求，必须坚持天天训练。

（二）熟练翻页的动作和找页的方法

翻页和找页在传票算中是一项非常重要的基本功，其快慢和准确度直接影响打传票算的速度，应加强对翻页和找页的练习，争取在进行传票算计算时能一次完成，不出现多余的动作。

（三）计算时分节看数，看算结合

打传票算要想既准又快，就要眼、手、脑协调配合。看数既准又快是传票算既准又快的前提。初学者刚打传票算时，训练看数与输入的配合是很重要的，应尽可能达到在看数的一瞬间就要把数输入。将一个金额数字分节来看，可以很好地分清数字的位数，很快看准、记住和输入数字。分节看数、看算结合的练习，时间长了，就可以使大脑形成一种条件反射，实现眼、脑、手有机结合，协调一致。

（四）加强手指分工的训练

在传票算训练中，以计算器作为计算工具，手指的分工与协调是一个重要的环节。初学者刚进行计算时，手指一定要按照要求进行分工，养成良好的习惯，一边看数，一边输入。初学者由于对键盘不熟悉，在计算时可看键盘，但一定要记住常用功能键的分布，在大脑中形成图像，通过一段时间的训练后，争取能够盲打计算。

（五）训练一定要持之以恒

传票算是一项实际操作技能，要想真正掌握这项技术，并达到一定的技能水平，不是一天或几天就能实现的，必须要靠学习者每天有计划地限时训练，最重要的是坚持，不能间断。

拓展阅读4-1　　　　　　　　　　工匠精神及其当代意义

2020年12月10日，习近平总书记致信祝贺首届全国职业技能大赛举办，强调"大力弘扬劳模精神、劳动精神、工匠精神"，"培养更多高技能人才和大国工匠"。在长期实践中，我们培育形成了"执着专注、精益求精、一丝不苟、追求卓越的工匠精神"。迈向新征程，扬帆再出发，急需一大批具有工匠精神的劳动者，亟待让工匠精神在全社会深入人心。

工匠的出现几乎与人类的历史一样久远。习近平总书记说："人类是劳动创造的，社会是劳动创造的。"在中国传统文化语境中，工匠是对所有手工艺（技艺）人，如木匠、铁匠、铜匠等的称呼。荀子说："人积耨耕而为农夫，积斫削而为工匠。"意思是长期从事农业生产的人为农夫，长期使用斧头等工具的人为工匠。自古以来，任何一个从事工艺劳动的工匠，都是以其毕生精力献身于这一工艺领域的。换言之，工匠就是从小学徒而终身从事某种匠工的人，如铁匠、铜匠、建筑泥瓦匠等。早在春秋战国时期，除农业之外的各种手工艺工匠已经形成规模，称为"百工"。这些工匠能够"审曲面势，以饬五材，以辨民器"。随着工业化时代的到来，现代工艺已经从手工艺发展到机械技术工艺和智能技术工艺。技艺水平的发展也标志着人类文明的进步。中国自古以来就是一个工艺制造大国，无数行业工匠的创造，是灿烂的中华文明的标识。在我国的工艺文化历史上，产生过鲁班、李春、李冰、沈括这样的世界级工匠大师，还有各个工艺领域里像庖丁那样手艺出神入化的普通工匠。

进入现代工业社会，伴随着手工艺向机械技艺以及智能技艺转换，传统手工工匠似乎远离了人们的生活，但工匠并不是消失了，而是以新的面貌出现了，即现代工业领域里的新型工匠：机械技术工匠和智能技术工匠。不论是传统制造业还是新兴制造业，不论是工业经济还是数字经济，工匠始终是中国制造业的重要力量，工匠精神始终是创新创业的重要精神源泉。

我国要成为世界范围内的制造强国，面临着从制造大国向智造大国的升级转换，对技能的要求直接影响到工业水准和制造水准的提升，因而更需要将中国传统文化中所深蕴的工匠文化在新时代条件下发扬光大。培养更多高技能人才和大国工匠，需要激励更多劳动者特别是青年人走技能成才、技能报国之路，更需要大力弘扬工匠精神，造就一支有理想守信念、懂技术会创新、敢担当讲奉献的庞大的产业工人队伍，为经济社会发展注入充沛动力。

实践训练

一、实训内容

1.练习传票的翻页

在传票运算中，练好翻页的基本功非常重要，翻页的速度直接影响到传票运算的速度和准确率。要熟练掌握用左手一次翻一页或一次翻两页的翻法。翻页时要把左手的中指、无名指和小指平放在传票的左下角，当拇指翻上一页后，食指迅速放在其下面，将传票夹住，随即拇指做翻页的准备，翻页与按计算器必须同时进行，翻页不宜掀得太高，角度越小越好，以能看清数据为准。

2.练习看数、记数

看数、记数一般应遵循分节看数、分节记数、分节输入的原则。其基本方法如下：

看数时，应按分节号（或千分空）和小数点分段默读，看一小节数字，迅速反应在脑子里并记住，同时按相应的键。当手指接触到这一小节的最后一个数字键位时，眼睛马上去看下一小节的数字并记住，这样随看、随记、随按不间断地进行。开始时稍有停顿，熟练后，看数、记数和输入动作就会连贯起来。

看数、记数时，不必记个、十、百等数位名和元、角、分等金额单位，只看数字、分节置数，切忌念出声音；不要将数字看颠倒、看漏、看夹行，数字中连续有几个相同数时，可连记几个数，如 90 004.32，可记 9、3 个 0、4.32。

随着熟练程度的提高，分节看数、记数应由 1 节扩大到 2 节，并逐步增大位数。待一目一行熟练后再练一目多行，以减少看数次数。把翻页与看数、记数结合起来练习，以加快计算速度。

看数、记数的练习方法如下：

（1）先做一些数字小卡片，并放在一起，随机抽一张，看一眼，再将看到的数写在纸上。以 10 个数为一组，看完写完后记下所用的时间，并检查自己的记数是否有差错。如有错误，分析出错的原因并改正。

（2）以竖式加减法题为练习资料，由易而难、由慢而快地进行练习。练习时，把计算题放在左前方，紧靠练习题的右边放一张白纸，右手握笔，看一眼，记下数字，随即把它默写在纸上。以 10 题为一场进行训练，记下每一场所用的时间，并逐行核对，以检查记数的速度和准确度。练习一段时间后，可以结合计算器、计算机或算盘上置数、盯屏或盯盘写数进行综合练习。

3.练习翻页、看数、记数、输入

练习翻页、看数、记数、输入，争取做到边翻、边看、边记、边输入，可以同时进行。

二、实训目标

通过实践活动，练好翻页的基本功，提高翻页速度和看数、记数能力。

三、实训考核

分小组进行传票的翻页和看数、记数训练，根据翻页速度和看数、记数的准确度进行评分。

任务二　　　　计算机小键盘的使用

任务导入

计算机小键盘是向计算机输入数字下达命令的重要设备，是财务工作者进行汇总、核算必不可少的操作工具，所以，掌握小键盘传票翻打非常重要。运用计算机小键盘进行传票翻打，除应熟练掌握加减法运算外，还应掌握盲打、整理、摆放、找页、翻页、数页等基本功。

知识要点

一、计算机小键盘的分布及功能

计算机小键盘是向计算机输入数字的重要设备。小键盘区也称为辅助键盘区，位于键盘的最右侧，主要用于大量数字的输入。该区的大部分按键具有双重功能，一是代表数字和小数点，二是代表某种编辑功能。该区左上角的"Num Lock"数字锁定键具有开关作用，只对小键盘区的按键有效，利用数字锁定键，可在两种功能之间进行转换。按一下该键，上方的指示灯亮，此时按某个按键输入的是数字；再按一下该键，相应的指示灯熄灭，此时按某个按键执行的是相应的编辑功能。小键盘区处于编辑功能状态时，与编辑区的对应键功能相同。例如，当指示灯亮时，键入按键7输入的是数字7；当指示灯熄灭时，按该键执行的是相应的编辑功能，即光标移至行首。

二、计算机小键盘的指法

1.基准键位

手指在键盘上的位置非常重要。为了便于有效地使用键盘，通常规定右手的食指、中指、无名指和小指依次放于第3排的"4""5""6""Enter"基准键上。当准备操作小键盘时，手指应轻轻放在相应的基准按键上，敲击完其他按键后，应立即回到原指定的基准按键上。

2.各手指负责的键域

要学会正确使用小键盘，因为并不是任何一个手指都可以随便按任何一个按键的。为了提高键盘的敲击速度，在基准按键的基础上，通常将小键盘划分为几个区域，每个区域都由一个手指负责，一定要明确分工、互不侵犯。

（1）右手的食指：在小键盘分区中主要负责"Num Lock""7""4""1"键，有时也可负责"0"键的击键工作，一般是将食指放于"4"基准键上。

（2）右手的中指：在小键盘分区中主要负责"/""8""5""2"键，有时也可负责"0"键的击键工作，一般是将中指放于"5"基准键上。

（3）右手的无名指：在小键盘分区中主要负责"*""9""6""3"".'键的击键工作，经常是将无名指放于"6"基准键上。

（4）右手的小指：在小键盘分区中主要负责"-""+""Enter"键的击键工作。

总之，右手食指、中指和无名指分别放在基准键位数字"4""5""6"键上，食指、中指、无名指和小指各负责一竖条4个键，每当敲击完其他键后要迅速回到基准键位上。

三、复式传票的运算

用计算机小键盘翻打百张复式传票，用一次翻一页、一次翻两页、一次翻三页的方法，从第一页开始，求每20页的第五行的合计数；再用同样的方法求第四行、第三行、第二行、第一行的合计数。

采用限时不限量的方法，每天集中训练30分钟。每20页的一行数字的合计算一题，达标要求使用计算机小键盘进行运算，每10分钟做对8题为及格、9题为良好、

10题为优秀。

复式传票的运算步骤包括整理、找页、翻页、计算、记页、写数。

1.整理传票

在拿到传票时，首先检查传票中是否有缺页、重页的情况。为了不使在翻动传票时一次翻两页或更多页，在运算前可将传票捻成扇形，并使每张传票自然松动，避免出现粘在一起的情况。传票捻成扇形后可恢复原状进行翻页或不恢复原状，用票夹夹住保留扇形翻页。

打扇形的方法：用两手拇指放在传票封面上，两手的其余四指放在背面，左手捏住传票的左上角，右手拇指放在传票下面，然后向下捏，传票自然展开成扇形，扇形幅度不宜过大，只要把传票封面向下突出，背面向上突出，以左手食指能全部夹住已打开的传票为好。

2.传票的放置

传票的放置位置有以下三种：一是放在计算机小键盘左边；二是放在计算机小键盘上框左半部略高的部位；三是放在小键盘的下框左半部略低的部位，与传票算题答案纸呈并列状。总之，传票的摆放位置要贴近小键盘，这样易于看数，也有利于翻页。

3.找页

在运算过程中，复式传票题不是按照传票的自然页数逐题进行运算的，而是交叉组合进行的。如表4-1所示，第6题是29~48（四），即从第29页起计算到第48页的第4行合计；第7题是34~53（五），即求第34页到第53页第5行的合计，这就需要马上找到34页。找页动作的快慢、准确与否，直接影响打传票的速度。因此，找页是一个很重要的基本功。

所谓找页，就是凭左手的感觉，借助眼睛的余光，迅速找到各题的起始页，要求做到翻动传票两三次就能解决。

找页的练习方法如下：

首先，练习手感。这就是用手摸传票前20页、前40页、前60页、前80页或前10页、前30页、前50页、前70页的厚度，经过一段时间的练习，达到能够摸准每20页和前10页、前20页、前30页、前40页、前50页、前60页、前70页、前80页厚度的水平。

其次，边念边找页。在上述练习的基础上，练习迅速、准确地找出各计算题起始页，方法是自我测试与相互考查相结合，自己心中默记一个页码或同学之间任意念出一个页码，凭对传票厚度的感觉，至多翻动3次找到起始页。例如，找第32页，凭对30页厚度的手感，再略多翻几页；如果不准，迅速调整一下，就应该翻到第32页。

最后，练习写答数与找页同时进行。其方法是：当一题运算完毕，右手抄写答数时，眼睛余光看下一题的起始页。例如，上题止页是第51页，下题起始页是第62页，顺着向前用大拇指摸10页的厚度，稍做调整翻到第62页；如果下题起始页是第37页，则大拇指稍稍放松已翻过的页码，凭传票页码厚度的手感，倒翻到第37页。

同时，右手写完答数、清屏或清盘，进行下一题的运算。注意一定要双手配合默契，准确、快速找页。

4.翻页、计算、记页

在传票运算中，练好翻页的基本功非常重要，翻页速度的快慢直接影响到传票运算的速度和准确率。传票翻打要求用左手翻传票，右手敲击数字小键盘，两手同时进行。翻页时，要把左手的中指、无名指和小指平放在传票的左下角，在拇指翻上一页后，食指迅速放在其下面，将传票夹住，随即拇指做翻页的准备。翻页不宜翻得太高，角度越小越好，以能看清数据为准。

计算方法有一次翻一页、一次翻两页、一次翻三页等多种打法。

（1）一次翻一页打法。记页方法传票是20页为一题，有的学生担心页码打多了，在打到最后几页时总是看页码，这必然影响计算速度。记页就是解决此问题的。记页的方法是每翻动一次就按顺序默记一次，一次翻一页的打法要翻记19次，就可写出答数。

（2）一次翻两页打法。所谓一次翻两页打法，就是心算两页合计直接一次在键盘按键。心算两页合计如同心算加减法所采用的一目两行一样，练习熟练还是容易掌握的。这里主要涉及如何一次翻两页的问题。一次翻两页的具体方法是：中指、无名指、小指放在传票封面上，食指放在起页上，拇指略翻起传票，翻的高度以能看到次页传票数字为标准，然后用心算计算出两页有关的数字之和，将其按入键盘；当和数的最后两个数字或一个数字即将按入键盘时，拇指应迅速将前两页翻过，食指夹住，再用拇指略翻起传票，如此一次两页地进行下去。

（3）一次翻三页打法。所谓一次翻三页打法是将传票的三页有关数字心算相加一次按键。其翻页方法如下：无名指和小指放在传票的封面上，中指放在算题的起页上，然后拇指翻起一页用食指夹住，拇指再翻起一页，使眼睛能迅速看清三页里有关行次的数字，然后心算出三页对应行数字之和直接按键；当和数的最后两位数字即将按入键盘时，拇指应迅速将前三页翻过，中指夹住，拇指翻起一页，食指夹住，拇指再翻起一页，如此依次翻三页传票运算下去。由于三页一次运算难度更大，故可先将算题的第一、二页有关行数字迅速心算，再与第三行对应数字相加，一次按键成功。

5.写数

传票运算的类型，除上面介绍的两种外，还有多种形式。例如发票算，为连加法，每本200张，正、反两面共印400页码，每页印一行数，每30页为一道题，命题时任意选定起止页码，如8～37、52～81等；再如百张传票算，即将每张传票的5行数字打出各行的合计数等。无论用哪种形式进行运算，都少不了翻页、看数、计算、记页等几个环节。其中，翻页、计算、记页是重点也是难点，必须刻苦练习，才能做到眼准手稳、协调连贯、衔接紧凑、连续运算、计算迅速。

小知识4-1　　　　　　　　　　正确的打字姿势

要想熟练运用键盘来打字，姿势非常重要。有了正确的姿势，不仅可减轻人的疲劳感，对于提高速度也会起到事半功倍的效果。

（1）身体要保持平直，肩部放松，腰背不要弯曲。

（2）小臂与手腕略向上倾斜，手腕平直，两肘微垂，轻轻贴于腋下，手指弯曲自然适度，轻放在基准键上。

（3）屏幕显示区域位于视线以下10～20度，身体与键盘的距离因人而异。

（4）手掌以手腕为轴略向上抬起，手指略弯曲，自然下垂，形成勺状。

（5）打字时手腕要悬空，敲击键盘要有节奏，击完键后手指要立即回到初始位置。

（6）击键的力度要适中。各手指分工明确，各司其职。击键时主要靠手指和手腕的灵活运动，不要靠整个手臂的运动来找键位。

资料来源：雷玉华. 银行柜员基本技能［M］. 2版. 北京：人民邮电出版社，2016.

学思践悟
2021年全国职业院校技能大赛高职组
"银行业务综合技能"赛项

2021年6月10日，全国职业院校技能大赛高职组"银行业务综合技能"赛项在山东外贸职业学院开幕。此次比赛由教育部、山东省人民政府等36个部委、省级人民政府主办，山东省教育厅、青岛市人民政府、山东省商务厅承办，山东外贸职业学院协办，深圳智盛科技股份有限公司和深圳典阅科技有限公司提供技术支持。来自全国各省、市、自治区的28支代表队112名选手将参加为期两天的比赛。

本次比赛由"业务素养"赛项、"业务技能"赛项、"银行核心业务岗位操作"赛项和"数字金融业务操作"赛项共四个赛项组成，涵盖银行大堂经理岗、银行柜员岗、信贷专员岗、理财经理岗的业务处理流程及规范的掌握情况以及数字金融业务分析处理能力。其中，"业务技能"赛项包含点钞、传票算。比赛中，选手们将在以上赛项中对经济金融相关基础知识、银行基本操作技能以及区块链金融新兴行业个人专业技能的掌握情况进行展示和角逐。

资料来源：佚名. 2021年全国职业院校技能大赛高职组"银行业务综合技能"赛项开赛［EB/OL］.（2021-06-10)) https://baijiahao.baidu.com/s?id=1702153922263104158&wfr=spider&for=pc. 经过改编。

启示：

技术工人队伍是支撑中国制造、中国创造的重要力量。职业技能竞赛为广大技能人才提供了展示精湛技能、相互切磋技艺的平台，对壮大技术工人队伍、推动经济社会发展具有积极作用。

弘扬劳模精神、劳动精神、工匠精神，激励更多青年一代走技能成才、技能报国之路，培养更多高技能人才和大国工匠，能够为全面建设社会主义现代化国家提供有力人才保障。

实践训练

一、实训内容

计算下列各题：

使用计算机小键盘进行以下训练，分别锻炼中指、食指、无名指及小指的活动范围，并练习击键速度。

（1）4.56+1.23+7.89+3.58+6.54+1.53=

（2）17.02+7.20+407.65+16.52+32.58+98.76+563.21=

（3）987.64+60.41+2.09+3.69+182.54+38.90-617.32+14.60+5.87=

（4）3.06+614.28+109.70+85.91+1.79+53.18+47.26+9.03+87.19+396.82=

（5）413.06+94.18+209.76+185.53+801.74+503.17+400.97+39.08+57.69+308.86=

（6）4 156+1 023+7 529+3 158+6 954+1 453=

（7）98 264+6 241+21 509+3 569+182 254+38 990+617 032+14 360+5 687=

（8）17 802+7 001+407 815+167 852+391 258+98 376+563 521=

（9）4 156+ 1 623+7 589+37 058+6 254+1 953=

（10）9 864+69 341+209+3 169+182 954+38 907+617 327+14 608+5 871=

二、实训目标

运用计算机小键盘进行传票翻打，除熟练掌握加减法运算外，还应掌握盲打、整理、摆放、找页、翻页、看数、记页等基本功。

三、实训考核

分小组进行测试和评价。

任务三　　　　　　　　计算器的使用

任务导入

电子计算器体积小、质量轻、运算迅速准确、操作简便，是财务工作中的一种重要的计算工具。在计算机迅速发展的今天，计算器仍有其独特的适用范围，事实上每一个财务人员的手边都备着计算器。使用计算器进行传票算是本任务要学习的内容。

知识要点

一、传票的放置位置

在进行传票算时，一般是左手翻动传票，右手按计算器。传票应摆放在合适的位置上。如果使用袖珍计算器，可将传票放在计算器的左上方，为便于左手翻页，传票的左底边应离开计算器约2厘米左右，左手放在传票偏左的位置上，用拇指突出的部位翻动传票；若计算器稍大，可将传票斜放在计算器的左下方。

二、计算器的操作技巧

（1）计算器的放置。使用计算器时，计算器放置要平稳，以免按键时晃动和滑动。计算资料要紧靠计算器，便于计算。

（2）操作人员的姿势。操作人员的姿势要自然、舒适，眼睛俯视单据上的数据等。按数字键时，要看显示器上的显示是否正确；按运算键时，要看显示器上的数字是否闪动，如无闪动说明键未按到底，需要重新按键。

（3）灵活使用清除键。清除键在修改时有很大作用，可以避免重新输入，从而节省时间。每次运算前，要清除计算器里的数据，按一下清除键"ON/C"。有的计算器把这个键记作"AC"或"C"。在计算过程中，如发现刚输入的一个数字有误，可按右移键"→"清除；如发现刚输入的数据有误，可按局部清除键"CE"，这时显示屏上显示"0"，而先前输入的数据和运算仍保持有效，然后再输入正确的数据。

三、正确的指法

（1）各手指要放在基本键上，输入数字时，每个手指只负责相应的几个键，不要混淆。

（2）手腕平直，手指自然弯曲，击键只限于手指指尖，身体其他部分不要接触工作台或键盘。

（3）输入时，手稍微抬起，只有要击键的手指才伸出击键，击完后立即收回，停留在基准键上。

（4）击键速度要均匀，用力要轻，要有节奏感，不可用力过猛。

（5）在击键时，必须依靠手指和手腕的灵活运动，不能靠整个手臂的运动。

实践训练

一、实训内容

要尽快熟悉计算器，最终做到盲打，要靠做各种练习和刻苦训练来完成。以下介绍几种练习方法，可以帮助学生较快地熟悉计算器。

练习一：加百子

计算器进行打百子练习：$1+2+3+\cdots+99+100=5\,050$。

练习二：减百子

先输入数字5 050，然后依次$-1-2-3-\cdots-99-100=0$。

练习三：连加连减练习

把123 456 789连加9次，和为1 111 111 101，随后再逐笔减去123 456 789，直至减为0。

练习四：连加连减练习

把1 234 567 890连加9次，和为11 111 111 010，随后再逐笔减去1 234 567 890，直到减为0。

练习五：连加连减练习

把9 876 543 210连加9次，和为88 888 888 890，随后再逐笔减去9 876 543 210，直到减为0。

练习六：竖式练习——敲打 147、258、369

食指练习 1、4、7 键，147+147+…+147，连加 10 次再连减 10 次，最后归 0。

中指练习 2、5、8 键，258+258+…+258，连加 10 次再连减 10 次，最后归 0。

无名指练习 3、6、9 键，369+369 +…+369，连加 10 次再连减 10 次，最后归 0。

147+258+369+…+147+258+369 连加 10 次再连减 10 次，最后归 0。

练习七：横排练习——敲打 123、456、789

食指练习 1 键，中指练习 2 键，无名指练习 3 键。

食指练习 4 键，中指练习 5 键，无名指练习 6 键。

食指练习 7 键，中指练习 8 键，无名指练习 9 键。

123 456 789 +123 456 789+…+123 456 789 连加 10 次再连减 10 次，最后归 0。

练习八：混合练习——敲打 159、357、13 579、24 680

159 指法分工：食指练习 1 键，中指练习 5 键，无名指练习 9 键。

357 指法分工：无名指练习 3 键，中指练习 5 键，食指练习 7 键。

159 +159+…+159，连加 10 次再连减 10 次。

357+357 +…+357，连加 10 次再连减 10 次。

13 579 指法分工：食指练习 1 键，无名指练习 3 键，中指练习 5 键，食指练习 7 键，无名指练习 9 键。

13 579+13 579+…+13 579，连加 10 次再连减 10 次。

24 680 指法分工：中指练习 2 键，食指练习 4 键，无名指练习 6 键，中指练习 8 键，拇指练习 0 键。

24 680 +24 680 +…+24 680，连加 10 次再连减 10 次。

练习九：盲打练习

老师报数，要求学生不看键盘找准键位，速度由慢到快。

相邻座位同学相互报数，进行找数练习。

学生看数击键，渐渐做到盲打键盘。

练习十：基准键的输入练习

445 445　656 566　664 554　544 466　554 446　446 456　645 645　445 566

645 564　564 564　456 456　665 544　445 566　556 644　554 466　654 654

546 546　566 445

练习十一：按指法规则进行拇指、食指键的输入练习

077 444　074 170　741 700　147 147　0714 147 440 l 007　001 044　144 141

141 441　444 770　107 170　007 147　001 044　041 000　144 141　774 411

000 170　007 744

练习十二：按指法规则进行大拇指、无名指的输入练习

06 960　333 603　006 039　606 099　603 366　933 939　069 690　306 333

930 600　990 606　663 306　939 339　336 699　693 693　963 963　0936 309

063 906　639 639

练习十三：按指法规则进行大拇指和中指的输入练习

050 082　285 505　080 820　008 582　025 085　025 085　225 550　280 050

505 582　028 080　285 800　580 028　225 588　085 828　085 280　085 202

885 522　225 588

练习十四：按指法规则进行综合练习

4.33　173.18　1.948　222 356　3.1415　8 848.8　2 004.8　765.98　786 543　675 098

二、实训目标

运用计算器进行传票翻打，除熟练加减法运算外，还应掌握盲打、整理、摆放、找页、翻页、记页等基本功。

三、实训考核

分小组进行考核评价。

思维拓展4-1

传票算可以为会计核算、财会分析、统计报表提供及时、准确、可靠的基础数字，是财经工作者必备的一项基本功，并被列入全国会计技能比赛的正式项目进行传票翻打，除熟练加减法运算外，还应掌握盲打、整理、摆放、找页、翻页、数页等基本功，那么如何正确训练传票算的基本功并提高速度和准确率呢？

要求：请同学们以小组为单位进行讨论，然后按照教材中的方法进行练习。

分析提示4-1

项目考核

一、选择题

1.单式传票算题型：每本单式传票每版每页1行数，每笔最高为（　　）位数，最低为4位数，0～9各数码均衡出现，全为金额单位。

A.6或9　　　　　　B.7或9　　　　　　C.8或9　　　　　　D.9或0

2.传票的种类多种多样。根据传票装订与否，分为（　　）和活页本两种。

A.单式传票　　　　B.复式传票　　　　C.装订本　　　　　D.多项目传票

3.会计凭证按照形式划分，可分为（　　）和（　　）两种。

A.单式传票　　　　　　　　　　B.复式传票

C.装订本　　　　　　　　　　　D.多项目传票

二、问答题

1.单式记账和复式记账凭证的区别是什么？

2.什么是传票算？

3.传票算翻页的技巧有哪些？

三、实训题

翻打百张传票算题。

做题		对题		成绩		阅卷		复核	
顺	起止页	行数	答案	顺	起止页	行数		答案	
1	11～30	(四)		11	43～62	(四)			
2	51～70	(一)		12	53～72	(二)			
3	24～43	(二)		13	19～38	(一)			
4	26～45	(三)		14	66～85	(四)			
5	71～90	(四)		15	79～98	(二)			
6	35～54	(二)		16	43～62	(三)			
7	67～86	(五)		17	44～63	(五)			
8	76～95	(一)		18	28～47	(五)			
9	12～31	(一)		19	41～60	(一)			
10	48～67	(五)		20	29～48	(四)			

项目评价表

内　　容			评价		
学习目标		评价项目	3	2	1
职业能力	了解传票算的种类和应用范围	1.传票算的种类			
		2.传票算的应用范围			
	计算机小键盘的使用	1.键盘盲打			
		2.翻打百张复式传票			
	计算器的使用	1.键盘盲打			
		2.翻打百张复式传票			
通用能力	组织能力				
	沟通能力				
	解决问题的能力				
	自我提高的能力				
	创新能力				
综合评价					

等级说明：

3——能高质、高效地完成此学习目标的全部内容，并能解决遇到的特殊问题；

2——能高质、高效地完成此学习目标的全部内容；

1——能圆满完成此学习目标的全部内容，无需任何帮助和指导。

评价说明：

优秀——达到3级水平；

良好——达到2级水平；

合格——全部任务都达到1级水平；

不合格——不能达到1级水平。

项目五
金融综合业务技能

知识目标：

1.了解银行柜员制的组织结构和岗位职责；

2.掌握银行数字书写规范；

3.掌握对私、对公储蓄柜面业务的基本流程以及单位存款业务的基本流程。

技能目标：

1.能够理解银行柜员制的组织结构和岗位特点；

2.能够按照银行的书写规范写数字；

3.能够按照银行对私、对公储蓄柜面业务的基本流程办理业务。

素养目标：

1.培育学生的社会主义核心价值观。

2.提高学生文化素养，弘扬中国传统文化。

3.培养学生的家国情怀——责任与担当。

4.增强学生金融素养、遵守金融行业的职业道德。

5.培养学生树立法治观念，提高运用法治思维和法治方式维护自身权利、参与社会公共事务的意识和能力。

任务一　　　银行柜员岗位设置

任务导入

银行有哪些岗位？这些岗位的职责是什么？综合柜员制是一种较为普遍的银行组织形式。通过对综合柜员制的学习，同学们可以了解银行柜员制的组织结构和各个岗位的职责和特征。

知识要点

综合柜员制是指营业网点在法定业务范围内，按照规定的业务处理权限和操作流程，由单个员工或多个员工的组合，通过临柜窗口为客户综合办理本外币储蓄、信用卡、对公会计、出纳等多种金融业务，并独立承担相应责任的一种劳动组合方式。综合柜员制营业网点的每个柜台都可办理现金收付、转账、通存通兑等业务。

一、银行柜台劳动组织形式及变革

随着金融电子化的发展和科技在银行业务领域的广泛运用，银行柜台劳动组织形式也由双人临柜制发展到单柜员制，直至现在的综合柜员制。

（一）单柜员制

这是柜员制发展的初始形式，一般应用于储蓄业务领域，即柜员独立处理储蓄业务。其复核机制是一般业务当天复核、重大业务当场复核（授权）。

（二）双人临柜制

这是银行会计业务手工核算时典型的柜台劳动组织形式，其基本机制是记账员记账、复核员复核（兼出纳）。

（三）综合柜员制

综合柜员制是指柜员在其授权范围内，可以办理多币种、多种类的各项会计业务，并承担相应经济责任的一种劳动组合形式。

设立综合柜台是对传统柜台业务办理方式和柜台劳动组合形式的重大改革。通过对柜台业务实行单人收款、付款、记账"一手清"，最大限度地减少了现金、凭证传递环节，加快了业务处理速度，提高了柜台工作效率。在柜台服务上，打破窗口服务的业务界限，任何一个窗口都可以同时办理对公、对私各项业务，可减少客户的等候时间。

二、营业部岗位设置

营业部是商业银行最基层的业务部门，商业银行对外正常开展的各项业务，如存款、贷款、现金收付、支付结算、外汇业务、中间业务等，都必须通过营业部具体办理和进行核算。营业部对外营业的过程就是实现银行各项业务的过程。营业部也是对外服务的窗口。银行的服务宗旨也需要通过营业部柜员的优质服务传递给客户，树立高效优质的窗口形象，因此，营业部工作对于整个商业银行来说有着举足轻重的地位和作用。各商业银行根据营业部业务量的不同，人员配备各异。但无论业务、人员多少，均应按规定设置相应的岗位，以适应对外办理业务和内部控制的需要。营业部通常应设置以下三类岗位：

1.营业部经理

营业部经理主要负责营业部的全面管理工作，同时专门负责大额现金和转账资金的授权以及重要印章管理工作。

2.柜长

柜长主要负责后台综合业务和对综合柜员在业务权限中的授权、密押管理、系统开机、日终平账等工作。为了保证业务的正常开展，柜长可设 A、B 岗，可以互相替代和补充。

3.综合柜员

各支行设置若干个综合柜员岗位，主要负责前台柜面业务处理和现金、凭证、尾箱管理。由于对外营业时间较长，支行应视业务量、人员情况进行轮班安排、合理分工。例如，某市商业银行支行营业部岗位设置及分工见表5-1。

表5-1　　　　　　　　　某市商业银行支行营业部岗位设置及分工表

岗位	工号级别	尾箱	印章	凭证	密押
①营业部经理	B				
②柜长	C或E				管押
③柜长	C或E				后备管押
④综合柜员	D或F	前台尾箱	现金章、转讫章、储蓄专用章	各类凭证	
⑤综合柜员	D或F	前台尾箱	现金章、转讫章、储蓄专用章	各类凭证	
⑥综合柜员	D或F	前台尾箱	现金章、转讫章、储蓄专用章	各类凭证	
⑦大库管理员兼交换岗	D或F	现金大库		凭证大库	
⑧工号卡管理员兼会计印章管理员			业务公章、汇票专用章后备		

三、综合柜员岗位职责

综合柜员应本着高度的工作责任心，严格按照国家政策法规和业务规章制度的要求，认真细致地办理柜面业务，做到核算准确、处理及时，自觉提高业务风险防范意识，规范操作，减少差错，杜绝事故；同时，应树立正确的服务意识，对待客户彬彬有礼，认真解答客户的业务咨询，耐心引导客户按照有关业务规定办理业务，通过优质服务塑造良好的公众形象。

综合柜员的具体职责是：

（1）妥善保管和正确使用现金章、转讫章及个人名章。

（2）认真审查受理客户提交的票据或凭证是否合法、合规，印鉴是否相符，及时、正确处理账务，及时传递票据和凭证，做到不积压、不遗失、不随意压票。

（3）办理对公业务，包括对公现金业务、对公账户的开立和撤销、网银账户的开立和撤销、批量开卡、代发工资、汇票签发、ETS签约信息的录入、出售重要空白凭证、印鉴更换、资产业务等。

（4）优先办理VIP叫号的客户业务。办理各类普通叫号客户的业务，包括本外币对私现金存取业务、挂失、投资理财业务、结算业务等。

（5）及时将业务凭证交柜长监督审核，并核对尾箱现金进行轧账，确保钱账无误。

（6）担任反洗钱工作专员。在日常业务办理中，综合柜员要认真关注每笔业务并认真分析客户资金往来是否正常，如发现可疑支付交易应及时向营业部经理汇报。

（7）担任保管箱专员，负责办理保管箱业务，日终负责保管箱钥匙的还原及保管箱系统的退出和存盘。

（8）负责回单箱的管理，包括每天回单的派发和邮寄，如由客户经理代领回单的必须严格按照上级行延伸服务的要求完善相关审批手续并做好签收。对于未能及时取走回单和退票的客户，应主动电话通知客户。

（9）网点密押员后备，负责联行密押的编押、核押及银行汇票的密押及妥善保管。

课堂训练 5-1

（10）负责将到期的票据及时进行托收。综合柜员要密切关注支付往来账、查询查复业务等情况，并及时处理。

（11）负责营业部一般凭证和办公用品的管理，做到及时计划和领用，保障业务的正常运作。

（12）营业期间临时离岗或营业终了，应在终端上及时做柜员签退，妥善保管工号卡，定期更换柜员密码，防止密码泄露。

（13）负责现金尾箱的接送箱工作，按操作规程办好有关尾箱交接手续，严格贯彻双人会同装开箱制度。

（14）会同其他综合柜员对个人开户资料进行整理及按月装订。

（15）完成营业部经理和支行领导交办的其他工作。

实践训练

一、实训内容

假设自己是综合柜员，向新同事介绍综合柜员的岗位职责。

二、实训目标

通过实践活动，使学生理解综合柜员的岗位职责和特征。

三、实训考核

根据学生介绍情况给予评分。

任务二　银行柜员书写规范

任务导入

银行柜员的数字书写正确、规范十分重要，通过本次任务，同学们要正确地进行数字大写、小写的书写，正确地按照支付结算办法的规定书写银行相关资料的数字。

知识要点

数字书写是计算工作的重要组成部分，同时也是经济工作者，特别是银行工作人员的一项基本技能，因为数字书写的正确与否将直接影响工作的准确度。

一、阿拉伯数字的书写方法

1."0"的写法：从"日"字格的上线中间起，作弧线向左碰线，作弧线碰下线。向上作弧线碰右线，作弧形向上与起点相交。

2."1"的写法：从"日"字格的右上角附近起笔，斜线直直地到左下角附近落笔。

3."2"的写法：起笔不碰"日"字格的左线，再向上，向右碰线，略呈半圆，斜线到左下角，碰线一横。

4."3"的写法：起笔不碰"日"字格的左线，向上碰线，向右碰线略呈半圆，再向中间，转向右下方，向下碰线，弯弯地到左线附近为止，上下都是大半个圆圈。

5."4"的写法：从"日"字格上线附近偏左一点起，向左斜线到下格，在左线附近再横过去，向右碰线；第二笔从右上向下，斜下去到下面的当中碰线。

6."5"的写法：从"日"字格上线起笔，向左到中格角，再向上画一个大半圆向右转，碰下线，到左线为止，上面一横平，向右碰线。

7."6"的写法：起笔从"日"字格的上线上一点，中间偏右一点起，向左下方画一个弧形，在"日"字格的虚线下碰底线，绕圈向上，碰到右线，画成一个小圆。

8."7"的写法：在上线下一点起笔从"日"字格的左上角直到右上角，再斜折到下面，并在下面的中间偏左的地方超出下线落笔。

9."8"的写法：从"日"字格的右线上方起笔，画弧向上碰线，再到左（不碰线）画弧成一个半圆，拐向右下，碰下线，回上去，直到右上角附近与起笔的地方稍离开一些为止。"8"是不封口的。

10."9"的写法：从"日"字格上线下一点起笔，在"日"字格的上面一格画一个长圆，在右上角附近向左下再一竖到下线中间，在超出下线的地方落笔。

阿拉伯数字手写体字样见图5-1。

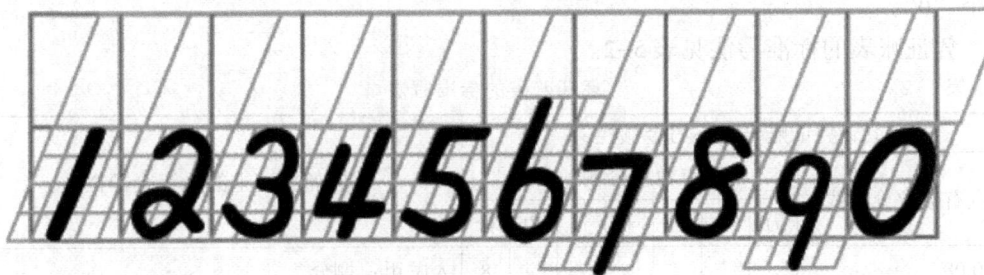

图5-1　阿拉伯数字手写体字样

公元3世纪，印度的一位科学家发明了阿拉伯数字。771年，印度北部的数学家被抓到了阿拉伯的巴格达，被迫给当地人传授新的数学符号和体系，以及印度式的计算方法（即我们现在用的计算法）。印度数字和印度计数法既简单又方便，其优点远远超过了其他的计算法，因此阿拉伯的学者们很愿意学习这些先进知识，商人们也乐于采用这种方法去做生意。

后来，阿拉伯人把这种数字传入西班牙。公元10世纪，又由教皇奥里亚克传到欧洲其他国家。公元1200年左右，欧洲的学者正式采用了这些符号和体系。到了13世纪，在意大利比萨的数学家费波拿契的倡导下，普通欧洲人也开始采用阿拉伯数字，15世纪时这种数字的应用已相当普遍。那时的阿拉伯数字的形状与现代的阿拉伯数字尚不完全相同，只是比较接近而已，为使它们变成今天的1、2、3、4、5、6、7、8、9、0的书写方式，又有许多数学家花费了不少心血。阿拉伯数字起源于印度，但却是经由阿拉伯人传向西方的，这就是它们后来被称为阿拉伯数字的原因。

资料来源：作者根据相关资料整理。

二、阿拉伯数字的书写规范

1.数字应当一个一个地写，不得连笔写。

2.字体要各自成形，大小均衡，排列整齐，字迹要工整、清晰。

3.有圆的数字除"8"外，圆圈必须封口。

4.同行的相邻数字之间要空出半个阿拉伯数字的位置。

5.每个数字要紧靠下线书写，不能悬空，除了6可伸出上线、7和9可伸出下线外，其他数字都不能写出上、下线。

6.数字要有一定的向右倾斜度，与下线构成的倾斜角为60度。

三、小写金额的标准写法

（一）有数位分割线的凭证账表的标准写法

1.对应固定的位数填写，不得错位。

2.只有分位金额的，在元和角位上均不得写"0"。

3.只有角位或角分位金额的，在元位上不得写"0"。

4.分位是"0"的，在分位上写"0"，角、分位都是"0"的，在角位分位上各写一个"0"。

凭证账表的标准写法见表5-2。

表5-2　　　　　　　　　　　凭证账表的标准写法

会计凭证账表的小写金额栏							原始凭证上的大写金额栏
没有数位分割线	有数位分割线						
	万	千	百	十	元	角	分	
¥0.08							8	人民币：捌分
¥0.60						6	0	人民币：陆角整
¥2.00					2	0	0	人民币：贰元整
¥17.08				1	7	0	8	人民币：壹拾柒元零捌分
¥630.06			6	3	0	0	6	人民币：陆佰叁拾元零陆分
¥4,020.70		4	0	2	0	7	0	人民币：肆仟零贰拾元柒角整
¥15,006.09	1	5	0	0	6	0	9	人民币：壹万伍仟零陆元零玖分
¥13,000.40	1	3	0	0	0	4	0	人民币：壹万叁仟元肆角整

（二）没有位数分割线的凭证账表的标准写法

1.阿拉伯金额数字前面应当书写货币币种符号或者货币名称简写，币种符号和阿拉伯数字之间不得留有空白。凡阿拉伯数字前写币种符号的，数字后面不再写货币单位。

2.以元为单位的阿拉伯数字，除表示单价等情况外，一律写到角分；没有角分的角位和分位可写出"00"或者"—"；有角无分的，分位应当写出"0"，不得用"－"代替。

3.只有分位金额的，在元和角位上各写一个"0"，并在元与角之间点一个小数点，如"¥0.06"。

小知识5-1　　　　　　　　　人民币符号"¥"的由来

1955年3月1日，中国人民银行发行第二套人民币时首次正式确定人民币的符号。因为人民币单位为"元"，而"元"的汉语拼音是"yuán"，因此，人民币符号就采用"元"字汉语拼音字母中的第一个字母"Y"。为了防止"Y"和阿拉伯数字之间的误认和误写，就在"Y"字上加上两横而写成"¥"，读音仍为"元"。从此，人们就开始用"¥"符号表示人民币，在书写数字金额时用它作封头符号了，如人民币100元写作"¥100"或者"RMB ¥100"。

四、中文大写的书写方法

中文大写与读数一致，是由数字和数位词组成的，用正楷字体或行书字体书写。

1.数字：零、壹、贰、叁、肆、伍、陆、柒、捌、玖。

2.数位词：拾、佰、仟、万、亿、角、分、元等。

3.金额：人民币、港元、美元、欧元、日元等。

大写字体参考写法见表5-3。

表5-3　　　　　　　　　　　　大写字体参考写法

壹	贰	叁	肆	伍	陆	柒	捌	玖	拾	佰	仟	万	元	角	分
壹	贰	叁	肆	伍	陆	柒	捌	玖	拾	佰	仟	万	元	角	分

五、大写金额的标准写法

1.大写金额要紧靠"人民币"三个字书写，不得留有空白，如果大写数字前没有印好"人民币"字样，应加填"人民币"三个字。

2.大写金额数字到"元"或"角"，在"元"或"角"后写"整"字；大写金额有"分"的，"分"后面不写"整"字。例如，¥12 000.00应写为：人民币壹万贰仟元整；¥48 651.80可写为：人民币肆万捌仟陆佰伍拾壹元捌角整；而¥486.56应写为：人民币肆佰捌拾陆元伍角陆分。

3.分位是"0"可不写"零分"字样，如¥4.60应写为：人民币肆元陆角整。

4.阿拉伯金额数字中间有"0"时，汉字大写金额要写"零"字，如￥1 409.50应写为：人民币壹仟肆佰零玖元伍角整。

5.阿拉伯金额数字元位是"0"的，或者数字中间连续有几个"0"的，元位也是"0"，但角位不是"0"时，汉字大写金额可以只写一个"零"字，也可以不写"零"字。例如，￥1 680.32，汉字大写金额应写为：人民币壹仟陆佰捌拾元零叁角贰分，或者写为：人民币壹仟陆佰捌拾元叁角贰分。又如，￥97 000.53，汉字大写金额应写为：人民币玖万柒仟元零伍角叁分，或者写为：人民币玖万柒仟元伍角叁分。

6.阿拉伯金额数字角位是"0"，而分位不是"0"时，汉字大写金额"元"后面应写"零"字。如￥6 409.02，汉字大写金额应写为：人民币陆仟肆佰零玖元零贰分；又如￥325.04，汉字大写金额应写为：人民币叁佰贰拾伍元零肆分。

7.阿拉伯金额数字最高是"1"的，汉字大写金额加写"壹"字。如￥15.80，汉字大写金额应写为：人民币壹拾伍元捌角整；又如￥135 800.00，汉字大写金额应写为：人民币壹拾叁万伍仟捌佰元整。

8.在印有大写金额万、仟、佰、拾、元、角、分位置的凭证上书写大写金额时，金额前面如有空位，可划"×"注销，阿拉伯金额数字中间有几个"0"（含分位），汉字大写金额就是几个"零"字。如￥100.50，汉字大写金额应写为：人民币×万×仟壹佰零拾零元伍角零分。

拓展阅读5-2　　　　　　　　中文数字大写的来历

我国历史上最大的税收案是明代的郭桓案。据史书记载，在朱元璋执政的明朝初年，有四大案件轰动一时，其中有一件重大贪污案——"郭桓案"。明朝贪污之风盛行，国家的税款、税粮是贪官污吏攫取的主要目标。郭桓曾任户部侍郎，任职期间利用职权勾结地方官吏，大肆侵吞政府钱粮、渔盐等物，折米计算达2 400万石精粮，这个数字几乎与当时全国秋粮的实征总数相等。此案于洪武十八年被人告发，牵连12个政府高官、6个部的大小官员和全国许多地方官僚、地主。朱元璋对此大为震怒，下令将户部左右侍郎以下官吏数百人一律处死。据史书记载，因郭桓案牵连下狱致死者达数万人。与此同时，朱元璋制定了严格的惩治经济犯罪的法令，并在全国财务管理上实行了一些有效措施，其中有一条就是把记载钱粮、税收数字的汉字"一二三四五六七八九十百千"改用大写"壹贰叁肆伍陆柒捌玖拾陌阡"。这一方法的实行，也堵塞了财务管理上的一些漏洞。此后，人们在使用"大写"过程中，逐渐用"佰仟"二字取代了"陌阡"。到了近代，随着阿拉伯数字引入我国，并与汉字的大写数字配合，形成了完整的记账字体系，一直沿用至今，这也是数字大写的由来。

资料来源：作者根据相关资料整理。

实践训练

一、实训内容

假设自己是银行综合柜员，将下列小写金额数字写成中文大写金额。

小写金额	大写金额	小写金额	大写金额
￥400.00		￥1 509.50	
￥62 731.00		￥6 007.14	
￥7 150.60		￥14.02	
￥15.06		￥325.04	
￥400 930.00		￥480.50	

二、实训目标

通过实践活动，使学生掌握数字中文大写规范写法。

三、实训考核

按照学生书写的规范程度给予评分。

任务三　　对私业务基本流程

任务导入

对私业务是银行柜员工作中的常见业务，希望同学们能够通过本任务学会按照银行对私储蓄柜面业务的基本流程办理业务。

知识要点

活期存款账户分为结算账户和储蓄账户两种。个人活期储蓄存款账户既可开成结算账户，也可开成储蓄账户。结算账户和储蓄账户的相同点是：都可以存取现金；存款都可获得利息收入且利率相同；本人名下的个人结算账户和活期储蓄账户间可以相互转账。二者的不同点是：在办理对外资金转出或接受外部的资金转入时（包括本人异地账户汇款），只能通过结算账户办理；储蓄账户只能办理本人名下的存取款业务和转账，而不能对他人或单位转账，也不能接受他人或单位的资金转入。

在开户过程中，会用到一种重要的凭证——储蓄存折。凭证种类包括储蓄存折、储蓄存单、一本通存折、一卡通。可以用储蓄存折的储种包括：活期、零存整取、通知存款、教育储蓄和存本取息。整存整取和定活两便都使用储蓄存单。

一、活期储蓄柜面业务基本操作流程

1.开户的基本操作流程

（1）接过客户填写的开户申请书、有效身份证件和现金。

（2）审核开户申请书，鉴别身份证件。如为代理人开户，应同时审核代理人的身份证件。在检查时应特别注意客户提供的相关证件原件是否真实、有效，是否与客户本人相符，是否与填写的存款凭条内容一致，防止出现过期身份证、伪造身份证等无效身份证件。

（3）按照现金收款程序进行现金鉴别、清点，并将清点无误的现金收入款箱。柜员接过客户现金后应认真地清点、检验和捆扎。清点现金按"三先三后"程序操作，即先点大数后点细数，先点主币后点辅币，先点大面额票币后点小面额票币。收入现金必须坚持手工清点，并用带有检伪功能的点钞机进行两遍复点。

收入的现金应捆扎成"把"（纸币100张）或"卷"（硬币50枚或100枚），并在腰条侧面加盖柜员个人名章，核对无误后放入现金箱保管。收妥的现金应按券别、残好分别归位入箱，做到一笔一清，妥善保管。

收款中如发现现金与储户所述金额不符，应立即退还全部现金并向交款人讲明，待客户核实后，再按交款人确认金额重新清点。

清点时，若发现假币，应当即告知客户，并由两名以上持有反假币上岗资格证书的人员在客户视线内（假币不得离开监控范围）办理假币收缴手续。若为假纸币还需在假币正反面加盖"假币"戳记。柜员输入交易码，进入"假币收缴"界面，录入相关信息后打印《假币收缴凭证》，并请客户签字确认。若客户拒绝签字，应在客户签字栏注明"客户拒签"，然后在《假币收缴凭证》上加盖经办和复核人员名章和业务公章。柜员一次性发现假人民币20张及以上、假外币10张（含）以上的，应立即报告当地公安机关。

（4）系统操作，将业务信息录入系统，如图5-2所示。

图5-2　私人活期储蓄业务

（5）请客户留存密码或其他支取方式信息。

（6）打印"存款凭条"，交客户签字确认。

（7）打印存折，签章，在"存款凭条"上加盖现金收讫章或清讫章，在存折上加盖储蓄业务专用章。

（8）将存款凭条收入传票作为银行会计原始凭证，将存折、身份证件交还客户并送别客户，结束该笔业务。

2.续存的基本操作流程

（1）客户将现金和存折交给柜员，柜员口头询问客户存款金额。若需填写存款凭条，则将存款凭条连同现金和存折一起交柜员。一般活期续存、取款时不须出示身份证件，但是大额取款、代办业务时均须出示身份证件。

（2）点收现金，并进行口头核对，核对无误后现金入箱。如果存款金额超过柜员现金限额，则须获得授权。如果客户办理无折存折，须填写存款凭条，并在凭条非打印区内注明存款账号。在办理业务时，柜员还应注意严格执行央行现金管理的有关规定。

（3）读取存折磁条，进行系统操作，录入业务信息。

（4）柜员打印存款凭条、存折，客户审核凭条无误后，在存款凭条上签字确认。柜员在存款凭条上加盖现金收讫章或清讫章和名章，授权业务加盖授权人名章。

（5）保存存款凭条作为办理业务的凭证。

（6）柜员将存折交还客户，送别客户。

小知识5-2

根据中国人民银行《人民币银行结算账户管理办法》的规定，活期存款账户分为结算账户和储蓄账户两种，又包括普通存折和一本通两种形式。其中，一本通是集人民币、外币等不同币种于一折的活期存款账户。所以，个人活期存款开户既可开成结算账户，也可开成储蓄账户，其形式既可采用普通存折，也可采用一本通。

二、定期储蓄柜面业务介绍

定期储蓄是储户在存款时约定存期，开户时一次存入或在存期内按期分次存入本金，到期时整笔支取本息或分期、分次支取本金或利息的储蓄。根据存取方式不同，定期储蓄可分为整存整取定期储蓄、零存整取定期储蓄、存本取息定期储蓄、整存零取定期储蓄和教育储蓄。

1.整存整取定期储蓄

整存整取定期储蓄是在开户时将本金一次存入，由储蓄机构发给存单，到期凭存单支取本息，存期内按存入同档次定期利率计息。如果到期未支取，超过存期部分按支取日公布的活期利息计算；也可根据储户意愿，办理存款到期转存业务，按转存日挂牌公告的利率计算。其基本规定是：

课堂训练5-2

（1）整存整取定期储蓄存款由客户事先约定存期，一次存入，到期凭存单支取本息。

（2）起存金额为50元，一次存入，多存不限，存入时由经办行发给储蓄存单，到期凭存单支取本息。

（3）账户开立时开通自动转存功能，每次存款到期，将到期利息并入本金按原存期、转存日挂牌的同档次定期存款利率办理转存。转存后未满转存期取款的，应按提前支取手续办理，办理转存后，不打印新存单，存款的账户、户名不变。

（4）可办理全部或部分提前支取，但部分提前支取只限一次。

2.零存整取定期储蓄

零存整取是指在开户时事先约定每次存入的金额，逐月按约定的固定金额存入，到期支取本息的定期储蓄。其基本规定是：

（1）5元起存，存期有1年、3年、5年三个档次。

（2）每月以约定金额存入，若中途疏漏，可次月补齐。未补齐者以后不接受续存及补存。未补者，视同违约，对违约后存入的部分，支取时按活期利率计算。

（3）只能办理全部提前支取，不能办理部分提前支取。

（4）本储种只限人民币业务。

3.存本取息定期储蓄

存本取息是一种一次存入本金，存期内按约定时间分次支取利息，到期归还本金的定期储蓄存款。其基本规定是：

（1）只限人民币业务，起存金额5 000元。

（2）期限分为1年、3年、5年三个档次。

（3）不得部分提前支取，可以全部提前支取，如果提前支取，按支取日挂牌公告的活期利率计息，并扣回多支付的利息。

（4）存期内按月支付利息，取息期未到不得提前支取利息，到取息日未取的利息，以后可随时支取但不计复利。

（5）销户时，若有未支取利息，必须先支取利息，方可办理销户。

（6）每次支取利息=（本金×存期×利率）÷取息次数。

（7）提前支取本金按定期存款提前支取的规定计算存期内的利息，已分次付出的利息要全部扣回。

（8）本储种只限人民币业务。

定期储蓄主要品种见表5-4。

表5-4　　定期储蓄主要品种

储种	整存整取	零存整取	存本取息
起存额	50元	5元	5 000元
存期	3个月、6个月、1年、2年、3年、5年	1年、3年、5年	1年、3年、5年
存取方式	开户时可约定自动转存一次；存期内允许部分提前支取；预留密码，到期支取可办理通兑	预留密码可通兑，到期支取回原开户机构办理；不允许部分提前支取；如有漏存，必须于次月补齐，否则视为违约，按活期存款计息	是手工处理业务；不允许部分提前支取；须按约定时间支取利息，不得提前；如到期日未取，以后可随时支取

三、定期储蓄柜面业务基本操作流程

（1）接过客户填写的存款凭条、有效身份证件和现金。

（2）审核存款凭条，鉴别身份证件，如为代理人开户，须同时审核代理人的身份证件。

（3）按照现金收款程序进行现金鉴别、清点，并将清点无误的现金收入款箱。

（4）进行系统操作，将业务信息录入系统，如图5-3所示。

视频5-2

私人定期储蓄
业务系统操作

图5-3　私人定期储蓄业务

（5）请客户留存密码或其他支取方式信息。

（6）打印"存款凭条"及存单。

（7）请客户核对存款凭条，签章，在"存款凭条"上加盖现金收讫章或清讫章，在存折上加盖储蓄业务专用章。

（8）将存款凭条收入传票作为银行会计原始凭证，将存折、身份证件交还客户并送别客户，结束该笔业务。

（学思践悟）　　　　　　　　　　　火眼金睛识犯罪

　　银行员工凭借敏锐的职业嗅觉，火眼金睛般识破犯罪嫌疑人的柜台非法转账行为，机智协助公安机关成功抓获了该犯罪嫌疑人。

　　2021年4月21日，男客户覃某某持借记卡、信用卡各一张来到某银行网点，对银行柜员小陈称信用卡内有车贷欠款，要从手中的借记卡转款到信用卡里归还。小陈根据相关规定请覃某某出示本人身份证，当小陈看到身份证的名字时、脑中隐约想起"广西涉案账户倒查追责清单"里好像有这个名字，小陈第一反应是首先稳住客户，他不露声色向覃某某解释说办理信用卡还款需要到柜台才能办理，请他在大厅耐心等待。随后将情况紧急报告给运营主管芳姐，芳姐在系统查询到该客户账户因涉电信诈骗已被锁定并确认其为"断卡"行动中涉案嫌疑人员，马上向反诈中心联系人张警官汇报，张警官指示拨打110电话报警并稳住客户。芳姐即暗示小陈继续和客户互动周旋，避免其发现异常、产生怀疑。并偷偷对网点大堂、保安人员进行了部署，以保证公安人员到达之前不让覃某某离店。10分钟过后，所属辖区名山派出所警察到达网点成功抓获了该犯罪嫌疑人。

　　该网点此次能协助公安机关抓获涉案嫌疑人，得益于对突发事件应急预案演练的重视和演练时的认真投入，银行柜员熟悉各种突发事件的应对方法，在遇到突发事件时，分工明确，各司其职，沉着应对，从容地与涉案嫌疑人周旋，为公安机关抓捕嫌疑人提供了宝贵时间。

资料来源：陈芳，李月娟. 栽了，电信网络诈骗嫌疑人被银行柜台人员成功识破［EB/OL］.
(2021-05-01). https：//m.thepaper.cn/baijiahao_12500889.经过改编。

启示：

该案例反映了金融行业的职业道德、法制观念、法治思维和法治方式在实际工作中如何体现，使学生直观地了解如何在实际工作中践行敬业的社会主义核心价值观。

实践训练

一、实训内容

请模拟某银行营业网点柜员，完成以下业务处理。

（1）储户张某（身份证号：340202199405210055）于2020年9月1日来办理活期储蓄存款（储蓄账户）开户，存入人民币10 000元（账号：001000538120301）。

（2）储户张某于2020年5月3日存入一笔整存整取定期储蓄存款30 000元，约定存期一年。

二、实训目标

通过实践活动，使学生掌握银行柜员对私业务。

三、实训考核

根据学生完成情况给予评分。

任务四　　对公业务基本流程

任务导入

对公业务是银行柜员工作中的重要业务，通过本任务的学习，希望同学们能够按照银行对公储蓄柜面业务的基本流程办理业务。

知识要点

一、对公活期存款业务介绍

单位存款（对公存款）是指企业、事业单位、机关、部队和社会团体等单位在金融机构办理的存款。按照存款的币种不同，单位存款可分为单位外汇存款和人民币单位存款。人民币单位存款包括活期存款、定期存款、协定存款及经中国人民银行批准的其他存款。

1.人民币单位活期存款

人民币单位活期存款是一种随时可以存取、按结息期计算利息的存款，存取主要通过现金或转账办理。其主要使用以下几种账户：

（1）基本存款账户。基本存款账户是企事业单位的主要存款、结算账户，是存款人办理日常转账结算和现金收付的账户。企事业单位只能选择一家银行开立基本存款账户，存款人发放工资、奖金等时现金支取只能通过基本账户办理。

（2）一般存款账户。一般存款账户是存款人在基本存款账户以外的银行办理银行借款转存，与基本存款账户的存款人不在同一地点的附属非独立核算单位开立的账户。一般存款账户可以办理转账结算和现金缴存业务，但不能办理现金支取业务。

（3）临时存款账户。临时存款账户是经有关部门同意，外来临时机构或个体工商户因临时经营活动需要开立的账户。存款人可以通过本账户办理转账结算，并可根据国家现金管理的规定办理现金收付。

（4）专用存款账户。专用存款账户是存款人因特定用途（基本建设、更新改造等）需要开立的账户。专用存款专款专用，不得办理日常结算和现金收付业务。

人民币单位活期存款具有以下特点：

（1）单位的活期存款账户是指银行为单位存款人开立的用于办理现金存取、转账结算等资金收付活动的银行结算账户，是一种随时可以存取、按结息期计算利息的单位存款。

（2）单位的银行结算账户根据管理要求的不同，可划分为基本存款账户、一般存款账户、临时存款账户和专用存款账户四种。各单位只有在银行开立结算账户，才能办理现金存取、转账结算等资金收付活动。

（3）客户有资金收付结算需要的，均可开立单位活期存款账户。

（4）单位活期存款实行账户管理，客户开立的办理资金收付结算的人民币活期存款账户称为银行结算账户。

（5）存款利率按照中国人民银行规定的利率执行。单位活期存款按结息日挂牌公告的活期存款利率计息，遇利率调整不分段计息。

人民币单位活期存款按照存取方式不同，还可分为支票户和存折户。支票户是单位在银行开立的凭支票等结算凭证办理存取款项的账户；存折户是单位在银行开立的使用存折办理存取款项的账户。

2.单位活期存款账户的开立

单位客户申请开立单位银行结算账户时，应按《人民币银行结算账户管理办法》的有关规定，提供相应的开户资料。开户行为单位客户开立的单位银行结算账户的名称，应与单位客户出具的申请开户的证明文件的名称相一致。开户行应建立健全开销户登记制度，对结算账户的开立与撤销予以及时记录和反映。

（1）基本存款账户的开立。基本存款账户是存款人因办理日常转账结算和现金收付需要开立的银行结算账户。

申请对象：企业法人；非法人企业；机关、事业单位；团级以上军队、武警部队及分散执勤的支队；社会团体；民办非企业组织；异地常设机构；外国驻华机构；个体工商户；居民委员会、村民委员会、社区委员会；单位设立的独立核算的附属机构；其他组织。

开立基本存款账户需提供的资料：市场监督管理机关核发的"企业法人营业执照"或"营业执照"正本及副本（原件）；没有法人营业执照的机关、团体、事业单位，请提供管理部门批准成立的批文原件和影印件或民政部门签发的社团登记证原件和影印件；技术监督局颁发的"中华人民共和国机关法人代码证书"正本或副本原件和影印件；法定代表人身份证原件及影印件，如法定代表人不能亲自前来，要提供法定代表人签名的授权书和经办人身份证；单位公章、财务章和法定代表人名章；填写好的开户申请书以及盖好章的预留银行印鉴卡四份；盖有存款人印章的印鉴卡片；市场监督管理机关的核准通知书或人民银行发放的基本账户开户许可证。

单位活期存款的币种主要包括：人民币、美元、欧元、英镑、港币、日元、澳大利亚元、加拿大元、瑞士法郎及其他可自由兑换的货币。

（2）一般存款账户的开立。一般存款账户是存款人因借款或其他结算需要，在基本存款账户开户银行以外的银行营业机构开立的银行结算账户。

存款人必须在开立基本存款账户的前提下才能申请开立一般存款账户，并需出具基本存款账户"开户许可证"。如果是出于向银行借款的需要，应出具借款合同；如果是出于其他结算需要，应出具有关证明。

（3）专用存款账户的开立。专用存款账户是存款人对其特殊用途资金进行专项管理和使用而开立的银行结算账户。存款人申请开立专用存款账户，应向银行出具其开立基本存款账户规定的证明文件、基本存款账户"开户许可证"，并根据以下几种情况提供证明文件：基本建设资金、更新改造资金、政策性房地产开发资金、住房基金、社会保障基金应出具主管部门批文；财政预算外资金应出具财政部门的证明；棉、粮、油收购资金应出具主管部门批文；单位银行卡备用金应按照中国人民银行批准的银行卡章程的规定出具有关证明和资料；证券交易结算资金应出具证券公司或证券管理部门的证明；期货交易保证金应出具期货公司或期货管理部门的证明；金融机构存放同业资金应出具其相关证明；收入汇缴资金和业务支出资金应出具基本存款账户存款人有关的证明；党、团、工会设在单位的组织机构经费应出具该单位或有关部门的批文或证明；其他按规定需要专项管理和使用的资金应出具有关法规、规章或政府部门的有关文件。

（4）临时存款账户的开立。临时存款账户是存款人因临时需要并在规定期限内使用而开立的银行结算账户。临时存款账户的有效期最长不得超过两年。存款人申请开立临时存款账户，应向银行出具下列证明文件：临时机构应出具其驻地主管部门同意设立临时机构的批文；异地建筑施工及安装单位应出具其营业执照正本或其隶属单位的营业执照正本，以及施工及安装地建设主管部门核发的许可证或建筑施工及安装合同；异地从事临时经营活动的单位应出具其营业执照正本以及临时经营地市场监督管理部门的批文；注册验资资金应出具市场监督管理部门核发的企业名称预先核准通知书或有关部门的批文；基本存款账户"开户许可证"。

3.单位活期存款的转账业务

单位活期存款的转账业务按转账收付款单位开户行不同，一般可分为收付款单位均在同一行处开户的转账、收付款单位在计算机联网通存通兑的不同行处开户的转账、收付款单位在计算机联网以外的行处开户的转账三种类型。

收付款单位在同一行处开户的转账和收付款单位在同一银行计算机系统内不同网

点开户的转账，柜面处理流程相同。收付款单位在计算机联网以外的同城行处开户的转账需要通过同城交换处理。由于同城票据交换业务涉及当地中国人民银行的要求和不同的交换系统，各地存在不同的交换模式，即使交换模式相同，由于当地中国人民银行交换系统不同，也存在操作上的差异。

4.单位活期存款的销户业务

单位客户发生下列情况时，进行销户业务操作：

（1）单位客户主动撤销。

（2）开户行得知单位客户因被撤并、解散、宣告破产或关闭以及被注销、吊销营业执照，通知单位客户办理销户手续。自通知发出之日起30天内，如单位客户仍未办理销户手续，开户行有权停止该账户的对外支付。

（3）开户行应对一年内（按对月对日计算）未发生资金收付活动（计息入账除外）且未欠开户行债务的单位银行结算账户，定期进行清理，并通知单位客户办理销户手续。自通知发出之日起30天内未办理销户手续的，开户行可视该客户为自愿销户。

进行销户的账户，必须是已经结清且余额为零的一般活期存款或余额为零的临时存款账户，即账户结清后必须将余额转出。进行销户后，该账户剩余支票将全部核销，并关闭账户。

二、对公活期存款业务基本操作流程

1.单位活期存款开户的基本操作流程

单位活期存款开户的基本操作流程如下：

（1）审核开户资料。银行柜员需要审核客户提交的"开立单位银行结算账户申请书"一式三联及相关证明文件原件、复印件。开户银行审查同意开户后将账户信息录入账户管理系统，同时将三联"开立单位银行结算账户申请书"及相关证明文件提交中国人民银行审核；中国人民银行审核书面开户资料，审核无误的，进行核准处理，将开户许可证正本和副本、存款人密码及二联开户申请书交开户银行；审核有误的，将书面资料退回开户银行；开户银行将开户许可证正本、存款人密码及一联开户申请书交存款人。

（2）建立客户账户。建立客户信息档案，开立客户号，如图5-4所示。对于已经在银行开立了客户号的客户，要办理存款业务，必须先预开一个账户。预开账户不涉及金额，但要确定该账户为支票户还是存折户。

（3）账户激活。

（4）支票出售。若属支票户，开户行还要向单位客户出售现金支票、转账支票等重要空白凭证。

（5）打印开户申请书、印鉴卡、存折与凭条，存折签章后交客户。

在进行系统操作时应注意：单位开立一般存款账户、专用账户和临时账户的，应自开户之日起3个工作日内书面通知基本存款账户开户银行；初次开户之前，先录入客户信息；在账户正式生效前，开户行不得向单位客户出售重要空白凭证；单位银行结算账户的开户一般都是从其他账户转入，但必须在正式开立之日起3个工作日后，经

账 号	820000000024052687 🔍
开户机构	2090005-典闻银行
账户名称	深圳市海蒂教育有限公司
币 种	CNY - 人民币 ▾ 余 额 0.00
产品代码	21011 - 单位活期存款 ▾
账户类型	1 - 基本户 ▾
专户资金性质	▾
现转标志	1 - 现金 ▾
交易金额	130,000.00 🔍
摘 要	1 - 日常业务 ▾

经办人信息

证件类型	1 - 居民身份证 ▾
证件号码	33065019890613175X
经办人姓名	陈诚
经办人联系方式	18879956231

图 5-4 单位活期存款业务

过人民银行的核准才能正式生效，生效后方可办理对外支付，但由注册验资的临时存款账户转为基本存款账户、借款转存的一般存款账户除外；在进行活期存款开户之后，需进行"活期账户资料维护"操作，将账户由未申报转为已申报，该用户才能支付款项。

2. 存折户和支票户存取的基本操作流程

存折户存取的基本操作流程：

（1）存款单位采用存折户存取方式向开户银行存入现金时，应填写存款凭条连同现金交银行出纳部门。

（2）银行出纳部门审核无误收妥现金后，凭存款凭条登记收入日记账后送会计部门。

（3）会计部门对存款凭条审查无误后，根据存款凭条开立存折，编列账号，填入存款金额，并加盖银行业务章交存款单位，以存款单位凭条作现金收入传票记账。

支票户存取的基本操作流程：

（1）存款单位采用支票户存取方式向开户银行存入现金时，应填制一式两联现金缴款单，之后连同现金一并送交开户银行出纳部门。

（2）出纳部门经审查凭证、点收现金，登记现金收入日记簿，并复核签章后，在第一联加盖"现金收讫"章后作为回单退交存款人，第二联送交会计部门。

三、对公定期存款业务介绍

办理定期存款须满足人民银行规定的基本账户开立的条件。办妥手续后，银行将为存款人开具定期存款开户证实书。证实书仅对存款人开户证实，不能作为质押的权利凭证。存款到期，银行将资金划到存款人指定的账户。如果单笔金额超过 1 000 万元（含 1 000 万元）或同一存款单位累计超过 2 000 万元（含 2 000 万元），经办银行应实行报告制度，逐级报上级行和当地中国人民银行。

课堂训练 5-3

1. 单位定期存款开户业务

单位定期存款是由存款单位约定期限，到期支付本息的一种存款。单位定期存款1万元起存，多存不限。单位定期存款的存期一般分为3个月、6个月、1年三个档次，利率按存入日挂牌公告的相应档次利率计息，遇利率调整不分段计息。单位定期存款账户不能用于结算和提现，只能以转账方式存入其基本存款账户。开户时提交开户申请书、企业法人营业执照或营业执照正本，并预留单位财务专用章、单位法定代表人章和财会人员章印鉴，然后由银行开具"单位定期存款开户证实书"。银行应查询或审查该客户基本信息，为客户开立单位定期存款账户，登记"开销户登记簿"，办理预留银行印鉴手续。

2. 单位定期存款销户业务

单位定期存款账户要销户，必须先将账户金额全部转出，账户无余额、无积数后方能办理。存款单位支取定期存款只能以转账方式将存款转入其基本存款账户，不得将定期存款用于结算或从定期存款账户中提取现金。

四、对公定期存款业务基本操作流程

1. 单位定期存款开户业务基本操作流程

单位定期存款开户业务基本操作流程如下：

（1）查询客户信息。查询是否存在该客户信息。如果没有该客户信息，柜员应根据企业填写的客户基本情况表建立客户基本信息。

（2）审查开户申请书。存款单位开立定期存款户应在拟开户行领取开户申请书，如实填写各栏目内容，并提交市场监督管理机关核发的企业法人营业执照或营业执照正本。

（3）办理预留银行印鉴手续。印鉴应包括单位财务专用章、单位法定代表人章或主要负责人印章和财会人员章。单位在同一营业机构存入多笔定期存款的，与经办行签订协议后，可多个定期存款账户共用一套预留银行印鉴，并在预留印鉴上注明所有定期存款账户的账号。

（4）预开单位基本户和定期存款账户。根据企业交来的申请书、企业法人营业执照或营业执照正本，为客户开立存款账户，如图5-5所示。

（5）审查"单位定期存款缴款凭证"。存款单位填写"单位定期存款缴款凭证"一式两联，柜员审查凭证内容、联次是否完整齐全，账号、户名、大小写金额是否相符。

（6）激活账户。

（7）打印"单位存款证实书"。"单位存款证实书"作为银行重要空白凭证管理，仅用于证实存款单位开户，不能作为质押的权利凭证。单位如需办理质押贷款，可向开户银行申请开具"单位定期存单"。"单位存款证实书"遗失后可办理挂失，开户行受理挂失7日后，可补办证实书。

2. 单位定期存款销户业务的基本操作流程

单位定期存款销户业务的基本操作流程如下：

单位定期账号	820000000008597462				
账户名称					
介质种类	012 - 单位定期存款证		介质号码	3140522000515267	
币 种	CNY - 人民币		产品代码	51011 - 单位整存整取	
存 期	03 - 3个月		交易金额	5,600.00	
结息频率			结息账号	820000000024075643	
结息户名			转存类型	1 - 本金转存	
摘 要	1 - 日常业务				

转存信息 协议存款信息

转存期限		
利息转入账号	820000000024052687	
利息转入户名		
利息转入币种	CNY - 人民币	利息转入产品代码 21011 - 单位活期

结算账号	820000000024052687	账户名称	
币 种	CNY - 人民币	余 额	0.00
转出凭证种类	015 - 转账支票	转出凭证号码	3140522000511501
出票日期	20220511	支付密码	
验 印 域		验印结果	0 - 未验印

定期账号		
存 期		到期日
本金金额		年利率

图 5-5 单位定期存款业务

（1）柜员审核凭证。存款单位填写"单位定期存款支取凭证"一式三联，第二联加盖预留印鉴，并持"单位存款证实书"办理支取。柜员需审核证实书是否确属本行签发、内容齐全、无涂改、存款已到期，凭证是否填写正确、金额相符，并审核加盖的印鉴是否与预留印鉴一致。

（2）计算利息。银行审查无误后，按规定利率计算利息，开具利息清单。

（3）办理转账销户业务，并打印签章。

实践训练

一、实训内容

请模拟某银行营业网点柜员，完成以下业务处理：

2020 年 5 月 22 日，深圳市随身网科技有限公司出纳谢女士来我行先购买一本转账支票，然后办理新开单位定期账户存款业务，从基本账户中向存期为一年的"单位定期存款账户"转入人民币 80 000 元。

二、实训目标

通过实践活动，使学生能掌握银行柜员对公业务。

三、实训考核

根据学生完成情况给予评分。

思维拓展5-1

1.银行业是经营风险、管理风险并从中获取收益的金融行业，银行柜面人员作为客户的直接接触者，在为消费者提供金融服务的同时，也面临着越来越大的操作风险，因而防范和化解风险是金融业的永恒主题。

要求：请同学们以小组为单位讨论银行柜面操作风险的主要难点有哪些，然后每个小组选一个代表做总结汇报。

2.业务不断发展，操作风险不可能完全消除，但可以采取一些防范措施，降低其发生的概率。

要求：请同学们以小组为单位讨论防范银行柜面操作风险的对策，然后每个小组选一个代表做总结汇报。

分析提示5-1

分析提示5-2

项目考核

一、选择题

1.柜员在其授权范围内，可以办理多币种、多种类的各项会计业务，承担相应经济责任的一种劳动组合形式是（　　）。

A.双人临柜制　　　　　　　　B.单柜员制

C.储蓄柜员制　　　　　　　　D.综合柜员制

2.下列凭证中的中文大写金额书写正确的是（　　）。

A.1 008.60：人民币壹千零捌拾元陆角

B.15.00：人民币拾伍元整

C.7 300.06：人民币柒仟叁佰零陆分

D.101.50：人民币壹佰零壹元伍角整

3.下列不属于重要空白凭证的是（　　）。

A.利息清单　　　B.银行汇票　　　C.定期存单　　　D.活期存折

二、问答题

1.简述综合柜员岗位职责。

2.简述大写金额的标准写法。

3.简述单位活期存款开户的基本操作流程。

4.什么是综合柜员制？

三、实训题

请模拟某银行营业网点柜员，完成以下业务处理：

储户张某于3月3日存入30 000元一年期整存整取定期储蓄存款，8月30日提前支取5 000元。

项目评价表

内　　　容		评　价		
学习目标	评价项目	3	2	1
职业能力　银行柜员岗位设置	1.了解营业部岗位设置			
	2.了解综合柜员岗位职责			
银行柜员书写规范	1.了解阿拉伯数字的书写方法			
	2.了解小写金额的标准写法			
	3.了解大写金额的标准写法			
对私业务基本流程	1.掌握活期储蓄柜面业务基本操作流程			
	2.掌握定期储蓄柜面业务基本操作流程			
对公业务基本流程	1.了解对公活期存款业务基本操作流程			
	2.了解对公定期存款业务基本操作流程			
通用能力　组织能力				
沟通能力				
解决问题的能力				
自我提高的能力				
创新能力				
综合评价				

等级说明：

3——能高质、高效地完成此学习目标的全部内容，并能解决遇到的特殊问题；

2——能高质、高效地完成此学习目标的全部内容；

1——能圆满完成此学习目标的全部内容，无需任何帮助和指导。

评价说明：

优秀——达到3级水平；

良好——达到2级水平；

合格——全部任务都达到1级水平；

不合格——不能达到1级水平。

项目六
银行柜员服务礼仪

学习目标

知识目标：

    掌握银行员工日常工作行为规范；理解银行员工仪表及仪态规范；熟悉银行柜员日常服务流程规范；掌握银行客户服务原则、服务理念和服务规范。

技能目标：

    能够熟练地使用文明服务用语；能够用得体的服务规范语言与客户沟通；能够遵守银行员工的仪表、仪态和行为规范。

素养目标：

1.深化对学生的职业理想和职业道德教育。

2.增强职业责任感。

3.增强法制教育。

4.教育和践行友善、敬业等社会主义核心价值观。

5.培养学生热情周到服务的职业精神。

任务一　银行柜员服务规范

任务导入

    银行员工的服务关系到银行的发展和客户对银行的满意度，因此十分重要。希望同学们能通过本任务的学习，掌握银行柜台服务礼仪规范，并能在业务实践中具体运用。

知识要点

一、银行员工仪表及仪态规范

（一）银行员工仪表要求

员工应按照规定时间统一身着工装。员工着工装时应整洁得体、无褶皱，并在上衣左胸居中位置佩戴统一工号牌，工装口袋内不得放置过多物品；头发梳理整齐、无头屑、色泽自然，不染彩发，不留怪异发型；注意个人卫生，保持面部、口腔清洁，身上无汗味、异味，不留长指甲。

男员工身着工装时，应配穿黑色皮鞋、系领带，领带要保持挺括、干净，系戴端正；领带打法要规范，长短适度，上不露领扣，下端至少抵达腰带。夏季身着制式衬衣时，衣摆应扎入裤内；前发不过眉，侧发不盖耳，后发不触后衣领，不蓄胡须，不佩戴饰物。

女员工应淡妆上岗，身着工装时配穿黑色皮鞋，长袜可视部分不得带有花边、图案；发长不过肩，不得涂有色指甲油，打扮要得体适度。

（二）银行员工仪态要求

1.银行员工仪态总体要求

银行员工工作时应精神饱满，端庄朴素，举止、谈吐大方、优雅、自然，体现出良好的个人修养和素质。

2.银行员工仪态具体要求

（1）站姿挺拔。站立时应收腹挺胸，不弯腰；抬头目视前方，面带微笑。男员工站立时两脚自然合拢或分开与肩同宽，双肩摆平，两臂可自然下垂也可交叉置于前腹或背后；女员工站立时双腿并拢直立，脚尖分开略呈"V"字形，双手自然下垂。

（2）坐姿文雅。入座要轻，坐时两膝自然并拢，上身保持直立稍向前倾。伏案书写时姿势端正，不能趴在桌子上或斜倚在椅子上。

（3）行姿稳重。行走时，收腹挺胸，抬头平视，动作协调自然。多人同行时不要勾肩搭背，并成一排。

（4）语言得体。说话时使用规范语言，语音适中，吐字清晰，对领导、同事和客户称谓恰当，语气谦和，用语得体；不讲脏话、粗话，在公众场合不叫他人外号、小名、昵称等。与人交谈时，应尽量避免打哈欠、打喷嚏、咳嗽，难以控制时，应侧面回避，并适当遮掩。

二、银行员工日常工作行为规范

（1）热爱银行，自觉维护本行的声誉和形象，遵守行内各项规章制度；严禁泄露行内机密或做其他有损银行形象的事。

（2）顾全大局，团结协作，互相尊重、支持、配合，努力营造和谐、融洽的工作氛围。

（3）工作作风正派，公私分明，秉公办事。

（4）爱护行内财产，勇于同违法、犯罪行为作斗争，维护银行利益和财产安全。

（5）上班按时到岗，准时打卡，不得迟到早退，不得替他人打卡考勤，进出门禁系统时必须刷卡，在确保大门关闭后再离去。

（6）工作时间内保持良好的工作秩序，不得阅读报纸杂志、吃零食、打私人电话、聚众闲聊、喧哗或做其他与业务无关的事情，不得串岗、擅自离岗，严禁将家属及其他非公务人员带入工作区。

（7）接听电话时，应使用规范文明用语，通话时应尽量低声，不得影响他人办公；遇有不明电话来访时，要礼貌谢绝；通话完毕后要礼貌道别，确认对方挂机后才能挂机，以示礼貌。

（8）进入他人办公室前应先轻敲门，经允许后方可进入；进出门时注意轻开轻关门。

（9）见到长者、客人应主动打招呼，做到面带微笑，热情有礼貌；与长者、客人、女士同乘电梯时，应请长者、客人、女士优先通行。

（10）参加会议时，严格遵守会场各项纪律，具体包括：①会议车辆应服从停车场管理人员的安排和调度；②与会人员应提前到达会场，并按要求身着工装；③进入会场后务必将手机调至静音状态，无特殊原因一般不得接打电话，若遇紧急情况确有必要时，应安静地离开会场；④会议期间，应集中注意力，做好会议记录，不得从事与会议无关的事，不得随意走动或发出不必要的声响；⑤离开会场时，应将个人用过的纸杯、饮料瓶、纸等杂物带离会场。

（11）公务用车出行前，驾驶人员须对车辆安全性进行检查，做好车辆清洁工作；上路时应遵守交通法规，文明驾驶。

（12）因工作需要配备的手机必须保证24小时开机，以便保持联络通畅。

（13）严禁在工作区内饮水、吸烟、就餐，员工就餐到就餐区，用餐时注意节约，杜绝浪费，用餐后将餐具放在指定地点，将残羹倒入指定容器内；饮水到饮水区，废弃剩水、茶叶应倒在指定位置；吸烟到指定吸烟区，吸烟完毕将烟头掐灭投放到指定器皿中。

（14）严禁携带易燃、易爆、易腐蚀或对环境造成污染的物品进入营业办公区域。

（15）工作区内的电源为办公专用，严禁使用非办公用电器，防过载，防断电；使用电器设备时，应检查线路连接是否正确、规范；发现火灾隐情、线路问题或设备故障等异常情况时，应及时采取有效补救措施并向有关部门汇报。

（16）不得出现私接电源、乱拉电线等违规行为，不得使用明火电炉设备。

（17）下班后，桌面应收拾干净，座椅等办公家具推回原位；重要机密文件确认无误后整理归档，做到妥善保管。出门前，应关闭电脑、打印机、传真机、电灯、空调等用电设备，在确保设备安全后关闭电源。

三、银行柜员语言规范

（一）服务用语基本要求

（1）工作时间均应使用文明用语和普通话。

（2）自觉使用"请""您好""谢谢""对不起""再见"十字文明用语，做到"请"字当头，"您"字跟上，未达到对方满意时应说"对不起"。

（3）坚持"三声服务"，即来有迎声、问有答声、走有送声。

（4）在工作岗位服务中，语言要清楚，语调要适中，语气要平和，非特殊原因不说方言和土语。

（5）服务窗口应有懂手语、特殊方言的柜员。涉外窗口的柜员应基本会用外语交流。

（二）临柜服务文明用语

（1）柜台人员服务用语："您好""早上好""下午好""欢迎光临""请问您办理什么业务""请问您需要什么帮助"。

（2）大堂经理及引导人员服务用语："请您到窗口办理业务""请您填写凭证""请您坐在沙发上稍等，好吗""对不起，请您在一米线外等候，谢谢"。

（3）在业务办理过程中，需要和其他人交换意见或向有关部门查询、请示时使用的服务用语："对不起，请稍等""请稍等，我马上帮您查一下""对不起，我需要请示一下，请稍等"。

（4）客户等待时间较长时，使用用语："对不起，让您久等了""真抱歉，让您等了这么久"。

（5）需要客户配合时的服务用语："请您出示一下证件，谢谢""请您签名，谢谢""这是您的证件，请您核对收好，谢谢""请您在这里签名，谢谢"。

（6）业务办理完毕服务用语："再见""欢迎再来""请慢走""很高兴为您服务"。

（三）服务禁语

1.服务五忌

（1）忌谈话时间过长，引起其他客户不满。

（2）忌开过分的玩笑，不谈论他人是非或带有粗俗和低级趣味成分的话题，不涉及对方不愿谈及的内容和隐私。

（3）忌泄露客户的账户情况和资金情况，遇客户账户资金不足或存取大额资金时，不可大声叫喊。

（4）忌泄露银行内部处理和审批程序。

（5）忌背后议论客户，特别是不可议论客户的短处、长相、穿着和口音等。

2.临柜服务禁语

凡语气生硬、不耐烦或具有讽刺、挖苦、搪塞、埋怨、刁难等意味的语言均属于服务禁语。

（1）未到营业时间，客户进入营业室时禁语："还没上班，出去等着""等一会儿，有事上班再说"。

（2）客户进行业务咨询时禁语："不知道""不清楚""这些业务不适合您，您不用了解""我已经给您讲过了，您怎么还不明白""自己看""电脑坏了，今天不办业务""这不是我的事，你还是找别人吧"。

（3）处理业务时禁语："急什么""等一会儿""不行，这是规定""不是跟你说了吗""写错了，重填""这么简单都不懂，真笨"。

（4）受到批评时的禁语："这不是我的责任，有意见找领导去""我的态度就是这样，怎么啦""你去告吧，告到哪儿都不怕""有意见写到意见簿上去"。

（5）临近下班时的禁语："不要进来了，已经下班了，明天再来吧""已经开始结账了，不办业务了"。

（6）禁直接使用否定语言，如服务中确需使用否定语言，必须对客户说"对不起""很抱歉"，求得客户谅解。

课堂训练6-1

3.提倡用语

提倡用语有："我想办法，看能不能帮你""我们一起看看错在哪里""请稍等，请您先看一下产品说明""我能理解，真抱歉""对不起""我可以帮您咨询一下，过两天告诉您""我给您解释一下，我们目前必须遵守相关的规定，但我们会将您的意见向上级反映"。

拓展阅读6-1　　　　　　请不要在客户面前批评自己的银行

某日，雷先生到银行取款机上取1 000元钱。正操作时，手机响了，雷先生见吐了卡，赶忙取出卡，转身离开取款机接电话。等电话打完后，他再次取款时，发现与他熟悉的开户行的取款机的操作略有不同，这台取款机是先吐卡，后出钞，而且他的卡上已经少了1 000元。他赶紧询问这家银行的员工。

场景一

雷先生："我没取到钱，可卡上少了1 000元，是不是这台机器有毛病啊？"

银行员工："你是怎么操作的？取了卡有没有等一下再离开。"

雷先生："吐卡时，没出钱啊，我就接了一个电话。"

银行员工："可能被后面取款的人拿走了。我们这台机器有时反应慢，特别是业务高峰时期。告诉你吧，我们行的系统早就落后了，该换代了。这台老爷机早该报废了，唉！我们行有毛病的地方多着呢。"

雷先生："我的1 000元怎么办？"

银行员工："谁叫你不等一下再离开呢，自认倒霉吧。"

雷先生：……

场景二

雷先生："我没取到钱，可卡上少了1 000元，是不是这台机器有毛病啊？"

银行员工："您先别着急，我们对取款情况有实时录像，请把当时的情况跟我们讲一下，好吗？"

雷先生："吐卡时，没出钱啊，我就接了一个电话。"

银行员工："请跟我们一起看一下回放录像好吗？看看是什么原因。"

原来在雷先生取卡转身接电话的瞬间，钞已经吐出，而他后面一个矮个子青年便随手取走了吐出的1 000元。

银行员工："不同银行的取款机，吐卡和出钞方式可能略有不同，一定要按屏幕提示进行操作。不过，我们会将您失款的情况上报，请留下联系电话，有情况我们会立即与您联系。"

雷先生："好吧！谢谢您的提醒！"

从以上案例中可以看出，当客户有紧急要求时，是及时帮客户解决问题，还是向客户"自曝家丑"，这是企业文化和员工素质的体现。因为不同的处理方法，可能导致客户对一家银行产生截然不同的感受。客户一般容易相信内部员工对本机构的负面评价，尤其是第一次上门的客户，会觉得这家银行真的不行。

要客户认同你的银行，首先需要自己认同，确保自己口中说出正面的语言，正面的语言会转化成积极的力量！

资料来源：佚名. 请不要在客户面前批评自己的银行 [EB/OL]. [2018-03-20]. http://blog. sina.com.cn/s/blog_6de5ef370100m1jt.html.

实践训练

一、实训内容
两个学生一组，互相评价对方的着装、发型等是否符合银行柜员的职业要求。

二、实训目标
通过实践活动，使学生了解银行柜员仪表和仪态规范。

三、实训考核
根据小组交流、互评情况给予评分。

任务二　　　　　　　　　　　　银行柜员服务要求

任务导入

银行柜员的服务有诸多要求，通过本任务的学习，希望同学们能够掌握银行客户服务原则、服务理念和服务规范，并能在业务实践中具体运用。

知识要点

一、银行客户服务原则

服务是指服务主体（服务人员）为直接满足服务客体（客户）的需求，通过专业的方式、方法和手段而进行的劳动。服务的基本特征是：服务是一种无形的劳动，不生产有形产品，具有不可储藏性；实施过程和消费过程同时进行，服务的生产和消费具有不可分离性；服务能直接满足客户的某种需求，没有中间转换环节。因此，每一项服务工作、每一个服务过程都必须达到服务质量要求，才能使客户满意。

银行客户服务原则是"以客户为中心"。商业银行贯彻"以客户为中心"的服务原则，一般体现在以下三个方面：

（1）根据客户的需求开发服务产品、创新服务功能。

（2）从满足客户需要出发创新经营管理体制、完善业务管理制度、改造业务经办流程。

（3）以让客户满意为宗旨建立商业银行的服务文化。

二、银行客户服务理念

（一）"客户永远是对的"

这句话是一种服务要求，在事物逻辑上并不具有真理性。它的含义是：

（1）客户的正确批评是我们改进服务的动力，要虚心接受和认真解决。

（2）客户的误解性批判多数是善意的，需要引起我们的注意。

（3）非原则性问题与客户争辩最终将致客户离去，受损失的还是自己。

（二）"我们永远不说'不'"

其具体含义是：

（1）在为客户服务时，绝对不说"不知道、不清楚、不是我的职责"等正面回绝客户的语言。

（2）要按"首问负责制"的要求，主动热情地帮助客户解决遇到的问题。

（3）确实遇到自己不清楚或职责范围以外的问题，要为客户明确继续解决问题的方向。

（三）"100-1=0"

这不是一个数学算式，而是服务行业通用的服务效应原理。它的基本含义是：优质服务必须坚持一贯，如果在100次服务中，有1次没让客户满意，客户往往记住的就是这1次，因此伤害客户，也就失去了客户，我们的服务效果就等于0。

（四）"1=287"

这是一个反映服务效应原理的经验公式。它的含义是：有1名客户直接表示不满，可能会失去287个客户；真诚服务1名客户，可能会吸引来287名客户。

根据美国学者的调查，每出现1名直接投诉的客户，意味着还有26名在沉默中不满的客户，这26名客户都有可能对另外10名亲朋好友造成消极影响，其结果就是：如果有1名客户直接表示不满，将会有287人（1+26+26×10）受到影响。

三、银行员工服务规范

（一）职业道德规范

银行员工必须诚实守信，待人谦和有礼，牢固树立"客户至上、服务立行、行兴我荣"的思想。在办理业务过程中，要以整体利益为重，自觉约束、规范个人行为，忠于职守，爱岗敬业，秉公办事。

（二）服务态度规范

营业网点服务规范包括：

（1）应设有引导服务，服务人员要主动上前询问客户所办业务种类，接待客户时要面带微笑，神情专注，给客户以亲切感。

（2）服务要主动热情、礼貌周到、快捷高效。对客户要做到：

"六声"：即接待客户有迎声；客户表扬有谢声；服务不周到有道歉声；体贴客户有问候声；受到误解、委屈要无声；客户走时有再见声。

"六要"：即称呼客户要礼貌、恰当；询问客户要尊重、诚恳；解答问题要全面、细致；当好参谋要热情、周到；宣传业务要积极、主动；办理业务要迅速、快捷。

"六一样"：即存取款一样热情、周到；繁简业务一样迅速、准确；忙时闲时一样仔细、认真；金额大小一样热情对待；主辅币一样欢迎；新老客户一样亲切。

（3）遇到客户询问，要做到有问必答；在不能圆满解答时，需主动引导客户到能够解答该问题的工作人员处，不得推诿、怠慢客户。

（4）配有排队叫号机的网点，应指导客户取号，并告知客户先就座耐心等待，注意语音提示；遇到客户提问，服务人员应耐心进行解释；尤其遇到老年人、残疾人等客户时，更应积极主动，必要时亲自为客户取号。

动画 6-1

银行柜员
服务理念

课堂训练 6-2

（5）正确对待客户提出的批评和意见，做到虚心听取、忍让宽容、得礼让人，严禁同客户发生争执。

（三）服务质量规范

树立"以客户为中心"的服务宗旨，对客户一视同仁，要有诚心、热心、耐心，为客户提供便捷、优质的服务。

学思践悟 暖心服务无小事

年过花甲的张先生是某网点的老客户，每隔一段时间都会来存款，由于腿脚不便，他都会随身携带拐杖，加上进入网点有很长一段台阶，每次上来都显得格外费劲。这天恰逢下雨，台阶有点滑，已经上到一半楼梯的张先生突然崴了一下脚，滑坐在楼梯上。柜员小王看到后立马放下手里的工作，小心翼翼地将张先生扶到大厅坐下，在确认老人没有伤到骨头的情况下，在其受伤处涂抹了药膏，等张先生顺利存好钱，又一路护送他离开网点。举手之劳，让客户铭记于心，提高银行口碑的同时也增加了客户的粘性。

资料来源：佚名. 银行员工暖心服务案例精选6篇［EB/OL］.［2021-07-12］. http://www.bjdcfy.com/qita/yxygnxfwal/2021-7/1434453.html.经过改编。

启示：

本案例直观地展示了如何在实际工作中践行友善、敬业的社会主义核心价值观，如何在细节上体现银行柜员热情周到服务的职业精神。正如党的二十大报告提出的，在发展中保障和改善民生，坚持以人民为中心，让老年人也享受到便利的金融服务，努力提升金融服务的"含金量"。

实践训练

一、实训内容

一位老奶奶来银行柜台办理取款业务，在取款时两次输错密码。请学生模拟银行柜员热情地接待并帮她办理。

二、实训目标

通过实践活动，使学生掌握银行柜员服务要求。

三、实训考核

根据学生模拟业务操作情况给予评分。

分析提示6-1

思维拓展6-1

1.一名优秀的银行柜员不仅应该具备相应的专业技能，还必须把握服务礼仪。

要求：请同学们以小组为单位讨论银行柜员服务礼仪的功能有哪些，然后每个小组选一个代表做总结汇报。

2.银行柜员服务礼仪表现在很多方面，时刻约束着银行工作人员的一言一行。

分析提示6-2

要求：请同学们以小组为单位讨论培养银行柜员正确服务意识的必要性，然后每个小组选一个代表做总结汇报。

项目考核

一、选择题

1.下列关于银行柜员的职业形象表述正确的有（　　　）。

A.柜员上岗时可自由着装

B.柜员不得化妆

C.柜员不能佩戴首饰

D.柜员上岗时应精神饱满，不能趴在柜台上

2.下列关于银行柜员的服务禁语表述错误的有（　　　）。

A.忌谈话时间过短，引起其他客户不满

B.忌开过分的玩笑

C.忌泄露客户的账户情况和资金情况

D.忌背后议论客户

3.银行员工服务态度规范不包括（　　　）。

A.应设有引导服务

B.服务要主动热情、礼貌周到、快捷高效

C.遇到客户询问，要做到有问必答

D.配有排队叫号机的网点，根据实际情况决定客户是否需要取号

二、问答题

1.简述银行对柜员的仪容要求。

2.简述银行客户服务原则。

3.简述银行员工服务规范。

三、实训题

请学生模拟银行柜员仪态进行演示，评价其站姿、坐姿、走姿等是否符合银行柜员的职业要求。

项目评价表

内　　　容		评价		
学习目标	评价项目	3	2	1
职业能力 银行柜员服务规范	1.了解银行员工仪表及仪态规范			
	2.了解银行员工日常工作行为规范			
	3.了解银行柜员语言规范			
银行柜员服务要求	1.了解银行客户服务原则			
	2.了解银行客户服务理念			
	3.了解银行员工服务规范			

内　　　容		评　价		
通用能力	组织能力			
	沟通能力			
	解决问题的能力			
	自我提高的能力			
	创新能力			
综合评价				

等级说明：

3——能高质、高效地完成此学习目标的全部内容，并能解决遇到的特殊问题；

2——能高质、高效地完成此学习目标的全部内容；

1——能圆满完成此学习目标的全部内容，无需任何帮助和指导。

评价说明：

优秀——达到3级水平；

良好——达到2级水平；

合格——全部任务都达到1级水平；

不合格——不能达到1级水平。

主要参考文献

［1］陈靓. 新任基层管理人员　如何优化网点结构［J］. 杭州金融研修学院学报，2021（11）.

［2］雷玉华，余滢. 银行柜员基本技能［M］. 3版. 北京：人民邮电出版社，2020.

［3］卢明明. 银行业从业入门必读书［M］. 北京：人民邮电出版社，2020.

［4］文杰书院. 五笔打字与排版基础教程［M］. 3版. 北京：清华大学出版社，2020.

［5］天津滨海农商银行滨银商学院. 银行新员工90天成长手册［M］. 北京：中国金融出版社，2020.

［6］周鑫，邢干. 五笔打字教程［M］. 北京：清华大学出版社，2020.

［7］董瑞丽. 商业银行综合柜台业务［M］. 北京：高等教育出版社，2019.

［8］黄爱国，郭毅. 财务小键盘录入技术［M］. 2版. 上海：立信会计出版社，2019.

［9］杨则文. 商业银行综合柜台业务［M］. 3版. 北京：中国财政经济出版社，2019.

［10］胡增芳. 商业银行综合柜台业务［M］. 北京：高等教育出版社，2018.

［11］郭启庶，张建强. 会计基本技能［M］. 北京：中国财政经济出版社，2016.

［12］雷玉华. 银行柜员基本技能［M］. 北京：人民邮电出版社，2016.

［13］林迎春，张红玲. 点钞与计算［M］. 大连：东北财经大学出版社，2015.

［14］王家申. 银行柜员岗位知识与技能［M］. 北京：机械工业出版社，2015.

［15］黄爱国，郭毅. 财务小键盘录入技术［M］. 上海：立信会计出版社，2015.

［16］王汝梅. 银行柜员业务实训［M］. 北京：电子工业出版社，2015.

［17］徐翠梅，宋锐. 计算器与点钞技能实训［M］. 北京：电子工业出版社，2015.

［18］彭爽. 商业银行基本技能训练［M］. 北京：中国劳动社会保障出版社，2014.

［19］上海起航教育信息咨询有限公司研究院. 商业银行综合柜员基本技能入门手册［M］. 北京：中国金融出版社，2012.